仁心·仁德
RENXIN · RENDE

绝对成交

Absolute
Clinch a Deal

做个会说话的药店销售员

龚 劲◎著

团结出版社

图书在版编目（CIP）数据

绝对成交／龚劲著．—北京：团结出版社，2017. 5

ISBN 978 – 7 – 5126 – 4833 – 3

Ⅰ．①绝… Ⅱ．①龚… Ⅲ．①销售 – 方法 Ⅳ.①F713. 3

中国版本图书馆 CIP 数据核字（2017）第 007576 号

出　　版：团结出版社
　　　　　（北京市东城区东皇城根南街84 号　邮编：100006）
电　　话：（010）65228880　65244790
网　　址：http：//www. tjpress. com
E-mail：65244790@ 163. com
经　　销：全国新华书店
印　　刷：北京中科印刷有限公司
装　　订：北京中科印刷有限公司

开　　本：145mm×210mm　1/32
印　　张：6. 5
字　　数：120 千字
版　　次：2017 年5 月　第1 版
印　　次：2017 年5 月　第1 次印刷

书　　号：978 – 7 – 5126 – 4833 – 3
定　　价：49. 00 元

前言
PREFACE

企图说服顾客，就错了！

引导顾客自己说服自己，就对了！

我自 2007 年进入美信医药国际连锁有限公司起，在医药行业已近 10 年。这 10 年，任职深圳劲英医药首席咨询师、临夏鹏程医药特聘顾问、深圳立丰医药营销督导、中国药店管理学院特聘讲师等咨询管理职务，为各地药店做营销咨询期间，我发现：

很多销售人员，根本不懂得沟通的艺术！

每天都在用一成不变的销售方法，每天都在重复相同的销售错误，并且浑然不知！

然后经营者、管理者和销售人员，都在不断感慨，顾客越来越难伺候、生意越来越不好做，钱越来越难赚！

这种困境的根源在于：我们总是在用自己习惯性的语言"推销"产品。而不是通过有技巧的沟通方法，"引导"顾客自己选择你想让他购买的商品。

记住，不断地向顾客推荐商品，是错误的；有技巧的沟通，引导顾客选择你为他提供的价值、方案，解决其需求，才是正确的。

虽然这两种做法，都是为了产生同一个最终结果——达成购买！但前者很容易激起顾客的防备心理和质疑情绪。

我们要知道，人天生都是不爱被别人改变的。人们对于别人提出的意见，天然地第一反应总是拒绝！

有效沟通的精髓就是——让你的建议，听起来像是顾客自己的主意！

自开办 V 神特训营，为众多销售人员进行销售技巧的培训，发现能给大家留下深刻印象、并最终能时常运用到实际销售中的，总是课程中分享的销售案例，以及结合情境的有效沟通。

从去年起，越来越多参加过特训营的医药连锁老板和店长，一再要求把这些实战案例、有效沟通集结成文字发给他们，以便用于课后温故知新。于是我整理出了这本《绝对成交》，以方便更多读者。

因此，这本书的诞生，可以说一大半的功劳得归功于医药同行们宝贵好学求知的精神。是他们的督促和激励，促成这本书最终呈现在大家面前。

大道至简。

简单的方法，往往是最直接最有效的！

本书以最直接简洁的方式，用一个个药店日常销售时常见的情境，直接带出不同的销售状况的正确回应方式和有效沟通，无论是毫无销售经验的新员工，还是销售模式一成不变、业绩增长遇到瓶颈的老员工，都可以人手一本，直接拿来就用。每天三五分钟，30 天成为销售高手。

授以鱼，还需授以渔！

知其然，还需知其所以然！

结合每个实战销售情境的理论指导、专家点评，从策略上和大家分析了应对同类情况的思路和方法，让大家不仅会说，还知道为什么要这么说、这么做，这么做了的优势在哪。让大家可以做到举一反三，通过高效沟通技巧自己悟出"法门"。

特别感谢龚震波老师《医药保健品热销有绝招》为本书提供的理论指导和案例。

特别感谢中国药店管理学院特聘讲师、兰州众联药业有限公司前总经理李银林先生为本书执笔专家点评。

【备注】

某些称呼或者用词具有地方化，请谅解！本书针对全国医药市场，有地方差异的称呼和词语，各位读者可根据当地实际情况进行修改调整！

刘彦荣

2003 年毕业于杭州商学院。

2003 年至 2008 年任职于兰州本地一家优秀民营出版社西南大区经理当年完成销售额 6000 多万的业绩，保持公司大区业绩的三甲。

2009 年进入隶属国内三甲的高端纺织行业企业新宏兴（福建）纺织贸易（集团）有限公司，担任国内重点销售区域—浙江分公司大客户经理，与国内一线男装企业浙江雅戈尔、报喜鸟、罗蒙、杉杉、培罗成、太平鸟等打造形成良好的合作关系。在集团公司分公司销售额中连续独占鳌头，每年整体 1.6 亿元的业绩占据五个分公司的总和的三分之一。

2012 年进入广州迪泰尔（集团）旗下德胜纺织贸易有限公司，着力打造了一支极具营销能力的市场部及销售部精英，公司销售额由 2012 年 1.2 亿增加为 2013 年的 2.8 亿。

2014 年底再次开启一段新的征程，进入兰州众联药业有限公司先后担任精品国药部及市场部负责人，联合一众干将实现了销售规模从 8 千万到 3 亿、盈利控销 OTC 品种从 0 到 4 千万的实战佳绩。

依托《兰州众联药业》航母平台，创新引入"精英店长训练营"、"十力金牌店长训练营"等培训资源，为各种小型连锁提升出一千多名优秀管理人员，切实推动医药行业专业化健康发展。

林业贵

权威穴位疗法健康养生专家。

微电商网络营销黄埔军校牛人。

深圳市俏美颜生物科技有限公司资深运营总监。

半年时间组建起千人销售团队，单月业绩突破 120 万。

2 周时间在"M2M 大健康创业平台"下建立个人品牌，创立"贵哥营销突击训练营"，激活万人销售团队。

多次荣获十万人大健康创业平台下"最佳团队管理"、"最佳个人业绩"等奖项。

精于微营销、电商营销各环节秘笈方法，"微电商"营销结合的开拓者和成功实践者。

林品焰

品焰私塾阿米巴培训系统创始人。

创办巅峰字典、教练技术成交心法。

好鲟会商学院创业导师。

郑州玫瑰庄园特聘策划导师。

四川南充田园之恋特聘策划导师。

2016 年线上招商会一场成交 150 万 +。

20 分钟线上风险项目众筹 40 万元。

玫瑰庄主——李秋含

玫瑰商学院创始人。

河南农科院指定科研合作单位。

玫瑰百草堂晚安茶品牌创始人。

玫瑰百草堂玫瑰纯露品牌创始人。

郑州五云山 500 亩玫瑰山庄庄主。

郑州远航农业科技有限公司董事长。

2016 年 7 月玫瑰纯露从 0 做到 500 万。

2017 年 1 月 2 小时线上招商 48 万。

李银林

资深医药营运总监。医药零售创新方案策划师。

带领《兰州众联药业》一众干将，实现了销售规模从8千万到3亿、盈利控销OTC品种从0到4千万的实战佳绩。助力《兰州众联药业》，成长为甘肃医药市场现代化配送航母级企业。

依托《兰州众联药业》航母平台，创新引入"精英店长训练营"、"十力金牌店长训练营"等培训资源，为各中小型连锁提升出一千多名优秀管理人员，切实推动医药行业专业化健康发展。

历任医药零售行业"黄埔军校"《湖南老百姓大药房》信息部、商品部、业务部、采购部总监，熟知医药零售各环节运作管理的全方位实干强者！掌握海量医药信息资源、人脉资源。

武卫红

广西鑫诺生物科技有限公司总经理。

医药 OTC 营销管理、营销培训 20 年。

带领湖北昊盛药业公司三大产品年销售额均突破 5000 千万大关。

曾担任湖北美源贸易有限公司、武汉金主医药有限公司任董事长助理，期间带领团队在湖北市先后操作全金、纽斯葆、纽莱佛、健林、康力士等畅销系列保健品，销量排名全国前列，熟悉保健品食品在药店的全方位运营。

现操作原生态、环保健康和无硅油茶麸原浆洗发乳，半年时间从 0 做到 3000 万。

目录
CONTENTS

一、吸引店外人流靠近门店

◎ **理论指导**

有关注，才有销售机会。药店不能只是安安静静地开在那里，等着顾客有需求再来找你。要主动引起周边人流的关注，时刻提醒大家"我在这，你需要我提供的××，快来享受我提供的服务"。

案例 1

音频："秋天来临，气候干燥，××大药房真诚关心您的健康。请您注意多喝水，及时涂抹护肤甘油和润唇膏，保护皮肤。"同时，店外用 POP 或 LED 屏，展示秋季润燥的中药饮片配方，甘油、润唇膏的特惠信息。

案例 2

音频："天气火热，××大药房真诚关心您的健康。如果您已经在户外活动超过 30 分钟，我们建议您到店内进行短暂休息，本店为您提供免费消暑茶饮。"

◎**专家点评**

每个药店都会做店外广告。例如：播放音频、LED 显示屏、摆放易拉宝、张贴 POP。这些宣传资源不能一味地只用来做推销广告。

案例 **1** 通过温馨提醒的方式，引导过往人流注意到自己的潜在需求，提醒大家及时购置应季护理品。

案例 **2** 以关怀及提供免费服务的形式，吸引店外人流进入门店，这样就有可能制造销售机会，即使没进店的人流也感受到了门店的人文关怀，提升了门店的形象。

二、顾客在店外观看橱窗或 POP

◎ **理论指导**

店外顾客停下脚步观看 POP，说明 POP 的内容或者某个方面，在那一瞬间吸引住了他。

可能是排版、可能是插图、可能是内容、也可能是某一句话。

顾客没有看后马上走进店内，说明 POP 呈现的内容还不够充分，还不能直接刺激到顾客立马做出进一步行动。

这时就需要导购人员及时迎上前，适当地简单问候后，对顾客关注产品的主要卖点，进行简明扼要介绍，进一步激发顾客兴趣，促使顾客进店，创造销售机会。

案例①

导购："先生，下午好！您是想选保健品吧？橱窗里陈列的只是很少一部分，店里品种更全，适合男女老少的都有，可选择种类很多，您可以进店慢慢挑选！您是自己补养身体，还是用来送人呢？"（注意：此时询问的态度应无

比自然随和。)

案例 **2**

导购:"阿姨,这橱窗里的保健品,您已经在外面看了好一会了,天气这么热,不如上店里喝杯水,我陪您慢慢看。选保健品一定要多花时间了解,才能选到合适的!阿姨,您放心,买不买都没有关系,我先为您介绍,选到合适的再做决定就好了。"

◎ **专家点评**

顾客店外观看 POP 或橱窗时,一定要有导购员上前去交流沟通。有数据表明,超过 15 秒钟未及时邀约,顾客会因兴趣下降而离开。

案例 **1** 采取的是利用店内更齐全,更有让顾客选到称心如意的医药用品为契入点,对顾客发出进店邀请。

这种应对方法,适用于比较年轻、或气质比较干练的顾客群体。这类顾客群一般比较有自主思维,我们引导的策略是"给他更大的选择空间"。引发他的好奇心"店里还有怎样的呢?我得进去看一看,比较一下"。

案例 **2** 用的是人文情怀,让顾客进店变的很理所当然,也让顾客备受关怀,抵触、防备的心理骤然下降。

这种应对方法适用于年纪较长、或气质比较纯朴的顾客群体。

这类顾客通常比较胆怯、防备心比较重。我们以"一定要多花时间了解，才能选到合适"，这样为她着想的角度出发，来消除她的防备心。再强调"买不买没关系，选到合适的再做决定"，来消除她担心最终没能达成购买引起的尴尬。

我们在上前沟通的时候，根据顾客看到 POP 的内容，可以适当带着说明书过去，让顾客了解更加透彻。还可以一边询问，一边做出向店内邀请的手势，以肢体语言引导顾客下意识跟随你行动。

三、顾客进药店后四处张望

◎ **理论指导**

顾客进店后东张西望，一定是有原因的。

首先我们要明确，顾客进店一定是有需求。

1. 找人（具体找某个导购）；

2. 找药。

我们要亲切的迎上前沟通，并尽快建立起信任感。

案例 1

导购："阿姨，下午好！您是想了解哪类药品的情况吧？我叫×××，已经在咱们××大药房做了5年药师/健康顾问，您有什么需要我都愿意为您尽力提供帮助。"

案例 2

导购："阿叔，早上好！我是咱们××大药房的药师/健康顾问×××，我看您好像在找什么？您是在找我们哪位同事呢？还是在找某种药呢？"

◎**专家点评**

顾客进门一定有所图。

案例中，导购都主动介绍了自己、报上了本店的店名，这是为了给顾客加深印象。导购还提到了自己的职称、工作年限，这样既凸显了导购的专业性、增加顾客对导购的信任感，也让顾客感受到自己被重视。

这种情景，案例中给大家提供了两种应对模版。

大家可以直接类似**案例** 1 ，抛出某种假设的需求来了解顾客真实意图。也可类似**案例** 2 ，同时列出两种假设的需求，让顾客二选一。（沟通期间一定要有自然的招呼和亲切笑容。）

四、在店内走动时，突然停下来看某个产品

◎**理论指导**

店内走动，原因基本都是在找药品。突然停下来，说明某个药品找到了，或者某个药品吸引到了顾客。

这时顾客通常表现出释然，或者兴奋。而导购则一定要立马迎上前，对顾客的选择进行肯定和认同。除非顾客的选择违背安全用药原则，否则均应该顺应着顾客选中的医药保健品进行积极肯定，干脆利落完成交易。

案例 1

导购："大爷，您要找的就是这款'红花油'吗？我拿下来给您看？（将产品取下并迅速递给顾客）这是新加坡的老牌子了，跌打损伤、蚊虫叮咬、发烧感冒都可以用，买一瓶在家里应急备用很有必要。您是要标准装还是大瓶装？"

案例 2

导购："靓女，您看的这几种都是补血佳品。'颗粒'是普遍性制剂，适用性最广，价格也最实惠。'阿胶'是传统女性补血圣品，是中老年妇女的首选。'口服液'在配方上有改良，被称为国内第一女性专用补血品牌，不仅补血，还可以补充钙和维生素。

这三种产品各有特色，价格也有高低，你可以根据自己的需要来选择。如果是自己服用。'口服液'就不错，口感也好。像我就是服用的'口服液'！"

◎专家点评

顾客找到自己心仪的产品，一定要认同！

案例 1、2 都对顾客选择的品种做了很好的介绍，让客户最终自己解决自己的问题，自己说服自己，这是最好的营销手法。

注意！一定不要说"这个药，你要吗"，"你看的这个没有那个产品好"之类的话，避免引起顾客的逆反心理。

我们还可以在利落地完成第一轮交易后，再以"一句话搭配销售"，来即时创造第二轮交易。在刚刚顺畅完成第一轮交易时，顾客还沉浸在轻松获得了心仪的产品、需求得到满足的愉悦感中，此时比较容易接受导购的联合用药建议。

五、谢谢，我随便看一下

◎ **理论指导**

这类顾客，通常是以下几种情况：

1. 自己喜欢独立思考，喜欢安静（自我型）；

2. 怕被你欺骗和过度销售（怀疑型）；

3. 对自己的需求还不是很明确，没想好购买目标（犹豫型）。

应对这类顾客，要注意观察顾客举动，适当时机提供药品详细信息（不是自顾自推销药品卖点），**让顾客感受到真诚和被重视，感觉到你是真心在帮助他解决问题。**

但要避免过度热情，时机不当的殷勤介绍，容易激起顾客的逃避情绪，可能会促使顾客直接离开门店。

案例 1

导购："好的！姐，您先一个人看着，有什么需要随时叫我，我叫陈欣，需要的时候叫声'陈欣'就可以了。"

然后点头示意、微笑离开，退到可以观看到顾客，又不给顾客形成压迫感的距离，以余光时刻关注顾客，不可以一直盯着顾客。

案例 2

导购："好啊！您先自己看着，熟悉一下我们店的情况，需要帮忙就叫我。我叫陈欣，工号 05 号，在这里当药师/健康顾问已经 5 年了。乐意随时为您提供专业服务。"

◎专家点评

我们只讨论确确实实过来寻找药品的顾客，其他的比如说是来询价，或做商品调查的同行就另当别论。

案例中，导购都爽快地顺应顾客想独自选购的要求，适时地告知顾客自己的姓名，这样可以消除陌生感，拉近彼此距离，对接下来进一步的沟通和销售增加了亲切感、信任感。

注意，在关注顾客时，要做好应答的准备。一定不能敷衍了事，消极怠慢顾客。

可以事先多设计几套自我介绍，并思考门店中那些区域方便观察顾客，又不给顾客形成压迫感。

六、如何销售私密药品

◎**理论指导**

销售比较私密的药品，或者顾客咨询比较私密的病症，如：伟哥、避孕套、性保健品、妇科疾病、男性健康疾病，甚至狐臭、脚气等。一定要体谅顾客，尊重其隐私。

可以用品牌名字或"这个、那个"代替，还应细心了解顾客症状，给予全面建议和专业帮助。诚恳的态度和善解人意的交流，必然能够获得顾客无形的好感！

案例 1

导购："这个您要两盒对吗？是要哪种型号呢？是这个型号还是旁边这个？您是需要我到旁边给您讲解使用方法，还是您自己回去详细阅读说明书？"放低声音，并以手势简单示意一下旁边较隐秘的位置。

案例 2

导购："嗯，没事。我在这里当药师/健康咨询师已经5年了，都有遇到过类似的症状的人，对这些我们都是很熟悉的。您可以和我单独说一下，没关系的，我建议您……"

◎专家点评

吞吞吐吐不好意思说的顾客，一般都是相对比较内秀的，导购销售过程中给予足够的私人空间和隐私就可以了。

第一个案例，面对找药品的顾客，导购体贴地没有提及品种的名称，并尽量迅速利索地完成交易，让顾客尽早解决需求，脱离尴尬的局面。这次愉快的购物体验，很有可能就使他成为了门店的忠实顾客。

第二个案例，面对来咨询病症的顾客，导购首先强调了自己的专业身份，获得顾客的信任。再特意提到"都有遇到过类似的症状的人"。

让顾客感觉到这样的症状并没有什么不好意思的，打消顾客难以启齿的心理压力。

在询问症状的过程中，一定要注意不用厌恶性的字眼。如："臭味、腐烂、不行"等，可以换成"气味、破损、不理想"等。

门店中我们可以想想哪些药或者疾病可能会引起顾客的不好意思呢？还有哪些顾客听着不舒服的字眼，该用怎样的词语去替换呢？

七、顾客进店时导购在忙而无法马上接待

◎ 理论指导

不让顾客感觉到被怠慢、轻视，这个是核心。

因此，发生顾客进店、导购无法马上接待的情形时，导购应先以目光致意，以微笑和欢迎语招呼顾客。说明原因并表明歉意，请顾客稍加等候，忙完手头事情后迅速接待顾客。

案例 1

导购："阿姨，您好，是要退烧药吗？我正在帮这位小姐选药，请您稍等片刻（用目光相迎，以微笑致歉）！退烧药都放在那边（用手势指向该产品所在区域），往左边走两步就看见了，我替这位小姐选好药后马上过去帮您！"

案例 2

导购："大哥，抱歉，让您久等了！今天店里的顾客多，我帮那边的大姐挑药还刚选了一半，我怕您等的太久，先过来打个招呼,您想要挑点什么呢?"

顾客:"没关系,我只是想挑点感冒药。"

导购:"好的,您不赶时间吧?这几种感冒药都不错(将这几种药拿去给顾客),您可以先看看。我先替那位大姐挑好药后马上就过来帮您,只要几分钟时间,谢谢您!"

案例 3

导购:"王小姐,抱歉,我要给您请个假,离开一会儿。"

顾客:"怎么啦?"

导购:"今天顾客多,人手少,您看有新客人进来很久了没人接待,我先过去招呼一下!您是我们店的老客人,一向很关照我们,您先一个人在这里慢慢挑,我跟那位客人打个招呼就回来,谢谢您啦!"(向正在接待的顾客示意说明时使用。)

◎**专家点评**

一定不能因接待一个顾客而怠慢另一个顾客,出现接不过来的情况一定要向顾客说明,不能听之任之。**案例 1**、**2**、**3** 分别代表了三个不同类型的接待方式,大家可以琢磨并练习下"接一呼二望三"的接待方式。

注意,千万不能因为忙而对顾客说"对不起,现在很忙,你等一等","对不起,顾客太多,暂时接不过"之类的话。

八、顾客询问同伴的意见

◎ 理论指导

顾客问同伴的意见分为两种情况：

1. 导购还没能给予他足够的购买的理由，犹豫中想听听同伴的答案；

2. 想购买，又怕同伴有不同的意见，或者想得到同伴的赞许。

导购销售过程中一定不能厚此薄彼，怠慢了同伴。有时候服务同伴比服务好购买的顾客还要重要。

案例 1

导购："靓女，你好。您是想选效果最好的减肥茶吗？从刚刚您和同伴的交谈，可以判断出这位美女在减肥养生方面很有经验，您不妨听听她的意见！"

案例 2

导购："阿姨，是要给孙子买补钙产品吧？哇，小朋友好聪明还活泼喔！长大了一定有出息。阿姨，这个钙片您就选加强型的吧！虽然价格高（绝对不能说贵）了一点，但含钙量高，吸收快，而且还能补充铁和多种维生素。阿姨，宁可省大人的，也不能省小孩的，对吧！小朋友，告诉阿姨，吃了钙片快快长身体好不好？"（对小朋友说话可以蹲下来说。）

案例 3

导购："我看您两位应该是夫妻吧？"（有把握才能问，如果顾客否认，也要准备好得体应对。）

顾客："是啊，怎么了！"

导购："看得出来，两位的感情一定很深。这位太太，您好幸福啊！先生那么疼您，肯花那么多钱为您买最好的燕窝补身体；先生又会赚钱又爱您，真让人羡慕！太太，您就不要舍不得了，让您先生多点体贴有多好啊，这是您的福分！再说，男人赚钱本来就是为了让太太花得开心。先生，您说呢？"（两者兼顾，使顾客双方均无法提出反对意见。）

◎专家点评

三个案例基本已经覆盖了和不同同伴一起进店的情形。当然还有和父母一同进店，这种案例基本都是儿女自我做决定占绝大数。

注意观察，真正决定影响到期购买的人或者在乎的事。比如说**案例** 2 中的小孩，**案例** 3 中的夫妻关系等。

对待顾客一定不要太过武断和随性。

九、了解决定顾客购买的因素是什么?

◎ **理论指导**

不同顾客对于购买因素的侧重点是不同的，有着不同的在意点。一般而言，顾客购买医药保健品的决定因素包括：药效、价格、安全性、疗程、品牌、厂家、方便性、历史、工艺、自己或他人服用的经验等。

导购的核心价值就是帮助顾客找到合适的医药保健品。

案例 1

导购："大姐，能够改善贫血状况的保健品不少，您在选择上有什么要求吗?"

顾客："什么要求，我不是太明白。"

导购："大姐，就是药效、品牌、价格这些因素您比较在意哪一点?"

顾客："这样啊，我的贫血也不是很严重，有价格不贵、药效实在就行。"

导购："没问题，那在配方和工艺上有要求吗?"

顾客："当然是老配方的了，新配方和新工艺都是噱头多，尤其是那种天天打广告的，钱都到广告费了去了，一点都不划算，不要!"

导购："大姐，明白了。您需要的是价格实在、效果好、有历史、传统老配方的补血产品，对吗?"

案例 2

导购："阿姨，您的高血压很多药都对症，您在药效、价格、品牌上最关心什么?"

顾客："那当然是药效最重要，价格吧不要太高，也不要太低，一般就可以了。对了，还要长期服用没有什么毒副作用的。"

导购："阿姨，我明白了，您的要求是：首先是药效要好，其次价格要适中，而且毒副作用要低，对吗?"

顾客："是的，对了，还必须是医保用药。"

导购："阿姨，对厂家和品牌没有什么特别要求吧。"

顾客："没有了，就按这几个要求挑吧。"

导购："阿姨，按您的要求，进口降压药就不行了。虽然进口药药效好，基本没有毒副作用，不过价格高，而且医保不能报销。国内医保药适合的有两个品牌，是国产药里面最好的，价格也不贵，纯中药配方，长期服用没有副作用。阿姨，我都拿给您仔细比较一下吧! 您稍等!"

◎专家点评

对于不好判断的顾客，我们一定要主动询问，两个案例都很好地做到了这点。"问"的技巧：

1. 询问时要注视对方，目光柔和，表情自然；

2. 采取选择性倾向，提供几个备选答案，供顾客选择或理解；

3. 问题先易后难；

4. 连续发问不要超过 3 个；

5. 对顾客的回答要予以理解赞同；

6. 关键回答要复述进行两次确认。

十、顾客是为自己购买还是他人购买

◎理论指导

顾客每次购买药品，不一定都是自用。有可能是为家人、亲戚朋友代买，或者解决家人的购药需求，甚至可能是送礼的需求。

导购一定要做到有的放矢。

案例 1

导购："先生，您要3盒'口服液'，是买给家人的吧？"

顾客："是啊，我买给老婆的。"

导购："您是第一次购买吧，您能说一说您妻子身体欠佳的地方吗？"

顾客："是啊，她最近睡眠不好。我看广告上说这是专门治疗女性睡眠不好的，而且也确实有很多女同胞买，我想买几盒给它调理一下。怎么，有什么不对吗？"

导购："是啊，先生，您很关心妻子喔！不过您可能不知道，'口服液'虽然能够改变失眠，但它对40岁以上女性或者是更年期妇女的效果才特别好。您那么年轻帅气，您妻子也应该还年轻吧？"

顾客："谢谢你的提醒，我太太 30 岁还不到呢。那么我太太这种情况，什么保健品比较适合呢？"

导购："好的，那我就按您太太的年龄，介绍几种能够帮助您太太改善睡眠的产品了。"

案例 2

导购："小姐，这个'降压片'您是给家人代买的吧？"

顾客："是啊，替我妈买的。她高血压十几年了，一直服用这个药。"

导购："这降压片是中西药复方制剂，质优价廉，服用方便，副作用也比较少，是高血压病人最常见的降压药，您需要几个疗程的药呢？"

顾客："几个疗程？哎呀，我也不清楚，一个疗程要多少盒？"

导购："这个药一个疗程是一个月，用法是每天 3 次，每次 1 片，每盒 24 片装，1 盒可以服用 8 天，一个疗程 4 盒就可以了。不过这个药价格相当实惠，每盒才 7.5 元，既然是常用药，不如买 3 个疗程，一个季度共 12 盒，还不到 100 元。这样也省的您或老人家经常上药店了，您觉得可以吗？"

案例 3

导购："先生，您了解'冬虫夏草'吗？是打算自己

服用还是送人呢？"

顾客："呵呵，打算送给一位长辈，过几天他70岁生日。"

导购："天然虫草和人参、鹿茸并称为中华三宝，具有润肺、强肾、益精气、理诸虚百损功能，确实是最好的送礼佳品，价格也挺高，不是对特别重要的人一般不会买来赠送。这位长辈对您很重要吧？"

顾客："是啊，这位长辈对我有养育之恩，我借这个机会，表表心意。"

导购："没错，'滴水之恩，当涌泉相报'，何况养育之恩？再说人生七十古来稀，一般老人70岁大寿时送礼人多，要么不送，要送就一定要送出价值来。您选择虫草，既能表达感恩之心，又以中华之宝寓意老人家健康长寿，我相信老人家必定能感受到您的用心。"

顾客："是啊，我也这样想，就选虫草吧。"

导购："那好，我就按您的意思选最好的藏虫草了，再配上一个最高档的包装会更棒！"

◎**专家点评**

案例中导购都直截了当地了解到了顾客的关键需求点（案例 **1**、**2** 试探性的询问，案例 **3** 选择性的提问），后续针对其需求特性予以说明，这样的销售自然顺利成章。

我们在门店也可以做这一些练习，比如顾客自己需求、代买、送礼心理上会有哪些不一样呢？

十一、顾客对中药和西药的需求不一样

◎理论指导

顾客买药时有中药、西药的选择倾向是很普遍的。

欲了解顾客的选择倾向，导购不妨主动询问。顾客有明确要求，自然以顾客的倾向为优先选择；如果顾客不在意，可根据顾客实际情况选择。较为困难的是顾客有明确倾向，却没有相适应的产品，要说服顾客做出违反自己倾向的选择，导购深厚的医学知识是影响顾客的关键，推荐中西药复方制剂也是一个折中的方法。

案例 1

顾客："导购小姐，我感冒了，浑身酸痛无力，鼻塞、咳嗽，有合适的感冒药吗？"

导购："有啊，美女，您需要中药还是西药？"

顾客："西药吧，见效快点，而且要上班，又没办法请假。"

导购："那就'××'吧！白天吃白片不影响上班工

作，晚上吃黑片，睡眠更好，方便快捷。"

顾客："行，给我拿一盒吧！"

导购："好的，小姐，我为您倒杯水，您可以马上吃一颗白片。"（特别关怀与服务为顾客留下好印象。）

案例2

顾客："导购小姐，有适合老年人长期服用的降压药吗？我替老家长辈买的。"

导购："有啊，大姐，中西药都有，您需要中药还是西药？"

顾客："中药吧，乡下老人比较习惯中药，而且中药的毒副作用也比较小。"

导购："大姐，您说的没错，降压药要长期服用，所以效果、价格和毒副作用都要充分考虑！不过，纯中药虽然副作用较小，但只能调理和维持，降压效果不如西药直接，仅凭中药并不足以保证疗效，还是中西医结合的方式最为稳妥。"

顾客："是这样啊，那你觉得这种情况什么药适合呢？"

导购："好的，我给您介绍几个安全性比较好，适合老人的中西药复方制剂吧！"

◎ **专家点评**

从案例中，我们不难看出，一定要理解顾客的消费倾向：

1. 年龄高者容易倾向中药，年轻者容易倾向西药；

2. 工作忙碌者容易倾向西药，生活悠闲者倾向于中药；

3. 热衷传统文化者倾向中药，崇尚西方文化者倾向西药；

4. 急诊者倾向于西药，慢性病者倾向于中药；

5. 世事并非绝对，我们要以顾客的实际倾向出发。

我们可以在平时的门店训练中练习如何引导才能让倾向于中药、西药其中一类的顾客愿意接受另一类药品，增加销售时的灵活性。

十二、这个药吃多久才有效

◎**理论指导**

很多保健品都需要连续服用一定周期，才能发挥出基本疗效，其实顾客心里也很清楚，明白。只是想从导购那里知道，怎样克服长期服用的麻烦或者怕不记得，或者怕花了时间和金钱却没有得到效果。

顾客需求的是对他能坚持服用，并对其症状有所改善的信心。

案例 1

导购："是的，这个'××阿胶糕'必须服用一个疗程以上，药效才有保障。小姐，你这样问是有什么不方便的吗？"

顾客："没有什么不方便，我只是觉得一个疗程要一个月，有点儿长。"

导购："是啊，很多顾客初次服用的时候都会有时间长的感觉，其实'××阿胶糕'专门调理女性内分泌系统，改善睡眠、贫血，女性生理周期是 28－30 天，所以只服用一两个星期效果不会很明显，服用一个月以上才会对女性内分泌有彻底改善，有效果后最好不要停服，连续服用三个月可以达到最佳效果。

案例 2

导购："是啊，阿姨。这个'胶囊'必须连续服用一个疗程，一个疗程是 23 天。您这是多年风湿了，如果要根除的话还要加 1－2 个疗程。"

顾客摇头，没有说话。

导购："阿姨，您是有什么担心吗?"

顾客："是啊，毕竟我这个是多年的老毛病，也习惯了，平时也不怎么吃药，犯疼的时候擦点药油就可以了。这药价格并不便宜，而且要吃那么长时间，万一没什么效果就太浪费了，还是不要了吧。"

导购："阿姨，我明白了，刚才可能是我解释得不清楚，让您误会了。'胶囊'不仅是国家级新药，还是国家中药保护品种，处方来源于汉代名医华佗传世验方'一粒仙丹'，是天津达仁堂近十年的科研成果，对风湿特别有效；刚刚我说要 1－2 个疗程是从根治角度说的，如果看起效时间，最快 1 天，平均 5 天左右；病情较轻，发病时间短者，1 个疗程可彻底根除；不能根除者，也可保证至少在两年内不再复发。所以阿姨，您尽管放心，这药对您的风湿病肯定是有效的。

◎**专家点评**

案例 1 中顾客担心的时间太长，**案例 2** 顾客担心的是效果，真正做到了解到了顾客的担心点后，针对性地用数据、事实、案例来与顾客沟通能很好地化解矛盾和僵局。

解除顾客担心疗程太长压力的技巧：

1. 对顾客的说法表示认同；

2. 以逻辑角度解释理由；

3. 将重点转移到对药效达成的必要性上；

4. 以数字对比法等技巧减少顾客的压力；

5. 激发顾客对恢复健康的期盼。

十三、我不能决定，要问问××的意见

◎理论指导

这个问题可以一分为三：

1. 顾客原来并非产品的使用者；

2. 顾客信心不足，需要其他人的建议和心理上的支持，并非完全不能进行最终决策；

3. 托词。

在销售过程中加强自身的权威感，使顾客形成对导购的心理依赖。只要导购对顾客的影响力够大，顾客就比较容易做出决定。

案例 1

导购："靓女，我向你介绍的这个'太极补肾强身胶囊'，您很满意，价格也没有问题，您还在犹豫是什么原因呢？"

顾客："我知道这药不错，也适合我先生，不过我先生挺大男子主义的我有点担心，没跟他打招呼就买这个回去

他会生气，我还是问一下他再决定吧。"

导购："喔，我明白了，您真是一位贤惠体贴的好太太，关心先生的身体，还会顾全先生的面子。其实太太的关心就是先生的面子，问了再买不仅少了心意，也会少了给先生的意外惊喜。再说，早服用一天，多健康一天，男人的健康是太太照顾的，大事由男人决定，您对先生的关心由您决定。您就自己做一次主吧！"（以笑容给予顾客足够的信心。）

案例 2

导购："阿姨，向您介绍了这个'儿童钙片'那么久，您还是不能决定，是什么原因呢？我哪里还没有讲明白吗？"

顾客："实在不好意思，闺女。您介绍的这个'儿童钙片'很好，可是我孙子的保健品一向都是他妈妈买的，我担心买不好，还是让他妈妈回来买吧！"

导购："嗯，小朋友可真幸福！有位好妈妈，还有位好奶奶！阿姨，如果不是太了解和不太确定的事回家问媳妇当然应该，不过这个钙片的成分和作用我已经详细向您介绍了，您也是看到其他妈妈带着小朋友买才问的，它对小朋友健康成长的作用是确定的，别的妈妈们肯定不会买错，对吧。所以，这个钙片您买回去，您媳妇看到您对孙子的关心，高兴还来不及呢！阿姨，您对孙子的心疼还需要和谁商量吗？这样吧，我先帮您拿一盒，小朋友吃了效果好，回头再让妈妈多买几盒，可以吗！"（态度和缓，行动要迅速。）

◎**专家点评**

两个案例都很好地把购买产品转变成为对家人的关怀和关爱，关怀和关爱是自己可以做主的，并用案例加以辅助进一步强化产品的品质。我们在销售中要有意识地将影响者转变成决策者。

十四、我还要再考虑一下

◎**理论指导**

顾客考虑和犹豫不决只能说明顾客需求和导购提供的价值没有完全匹配。主动询问顾客犹豫的原因，重新回到顾客需求的了解和发掘上。给顾客自由选择的空间，这样顾客更容易下定决心。

顾客的托词，真正不购买的原因是不好开口的，或者是不可逆的自身因素。

案例 1

导购："李小姐，这个精品'血燕'我也已经介绍了 20 几分钟了，产品您也仔细看了，您觉得还有哪些地方不满意的呢？"

顾客："还不错！"

导购："既然您觉得还不错，可以告诉我您现在还在犹豫是什么原因吗？"

顾客："我买东西一向喜欢考虑，何况是几万元钱一斤的燕窝，我准备多走几个店，比一比再决定。"

导购："明白了，李小姐，您能帮我一个忙吗？"

顾客："帮忙？你说吧！"

导购："您说得对，这么高档'血燕'，必须100%满意才能决定。您刚刚还说'还不错'其实是您客气的说法，可定还有地方您不太满意。李小姐，您一定要告诉我，怎么样才能让您100%满意，是'血燕'有瑕疵还是我的介绍让你不满意，请您一定告诉我，我有机会改进，好吗？"

◎**专家点评**

导购对顾客的犹豫做了很好的需求转化，以"人同此心，心同此理"的态度了解顾客犹豫的原因，针对顾客犹豫的原因进行补充说明。让顾客对你倍增信任。

我们在销售中一定要多对顾客进行赞美，引导其做出立即购买的决定。

十五、这个药对我的病有帮助吗？

◎理论指导

同样的病症，会有多种的治疗药品，导购必须从中选择出最适宜顾客症状的对症医药保健品，同时还要充分考虑疗效和安全性。

先确认顾客的病症，再进行推荐。如果顾客对导购推荐医药、保健品的对症性有所怀疑，导购需要就顾客的症状展开充分说明，从而证明推荐的合理性和必要性；答复要迅速，语气要肯定，可以增强顾客的信赖。对于特别的病况和无法把握的情况，导购应建议顾客上正规医院就诊，可以让自己和顾客都能安心。

案例 1

顾客："这个'减肥茶'效果到底怎么样，对帮助我减肥有效果吗？"

导购："靓女，这个品牌的'减肥茶'已经推出好几年了，市场反应一直不错，大多数人服用后，减肥效果都很好。"

顾客："那要是对我没有效果呢？"

导购："呵呵，您的担心我完全理解。一般情况下，只要您没有暴饮暴食，保持饮食有规律，按要求服用，都会有效果。况且这'减肥茶'本身是保健食品，纯植物配方精制而成，没有任何西药添加物，就算减肥效果不明显，也可以预防肥胖，降低血脂，对您也有健美和保健作用。"

案例 2

导购："大姐，您的担心我理解。不过'百消丹'是目前最常用的女性保健用药，对祛斑、养颜、消除妇科肿块有卓越的功效，在市场上一直长盛不衰，用这药治疗您的乳房肿块肯定是适用的。"

顾客："百消丹'有很多牌子，有的说好，有的说不好，到底适不适合我呢？"

导购："大姐，您说的没错。'百消丹'不仅牌子多，厂家也多，要判断治疗效果，首先要区分清楚生产许可证是'准'字号还是'食'字号。食字号是保健食品，以美容祛斑为主，当然没有太好的消肿效果了。您看，我给你介绍的是由'百消丹'创始企业长甲集团生产的，2008年最新升级为'准'字号的药品，纯中药提取，专门适用于乳房肿块和子宫肌瘤的治疗，在临床应用中的有效率达到93%，显效率达到60%以上。所以，它不仅对症，疗效也毋庸置疑。"

◎**专家点评**

这种情况，案例中很好的诠释了解答思路，先认同客户的担忧，对于担忧表示理解且信心十足。一定不能说"难道我会骗你吗?"类似这样的话语。与顾客的症状和治疗方案、理论逻辑达成共识后，成交是顺理成章的事。

十六、这药效果怎么样?

◎**理论指导**

接受顾客有关质量问题的询问，导购必须对顾客所关心的质量安全问题做出迅速、肯定的答案。需要注意的是，导购与顾客交流时应尽量采取直白、通俗易懂的语言，避免过于专业和冗长的说明。事实上，顾客需要得到的仅仅是安全、可靠的保证，而不是一大堆医药保健品质量的标准和鉴定术语。

案例 1

导购：“先生，您放心。我们是全国性的连锁店，保证质量是我们的承诺，我们销售的所有产品都是直接与企业联系订购，从订购渠道杜绝了假药的可能性；其次，这药厂的生产规模在全国比较都是大的，是第一批通过国家医药企业 GMP 认证的企业之一，在质量、安全、卫生、环保上都有很高的保障性，您完全不用担心。”

案例 2

导购:"阿叔,现在市面上类似的降压仪的确不少,要判断真伪其实很简单,看生产许可证和注册号就可以了。您看这张标签上非常清楚地写着'翼食药监械生产许2000039',注册文号:'翼食药监械(准)字 2005 第 2260012 号',这不仅表明了生产企业的合法性,而且还说明了这台降压仪属于二类医药器械,在 2005 年就经过国家正式的批准。大叔,现在您应该放心了吧。"

案例 3

导购:"靓女,您说得对,现在的保健品确实太多了,广告也是半真半假,消费者不容易判断。其实要鉴别真伪只要看一看产品的批准文号就可以了,正规保健食品的批准文号只有两种:'卫食准字'和'国食准字',分别由卫生部和国家食品药品监督管理批准。有批号说明产品是国家批准具有一定保健功能的食品,是正规合法的。"

◎**专家点评**

其实这个问题很容易解答。大家可能注意到了,案例中的导购并没有对于顾客提出的问题正面去回答,而是提供价值,告知顾客正确辨别的方法,让顾客自己得出答案。

　　我们在与顾客沟通的过程中，一定不能有不耐烦、责备顾客的心态，也不用正面用毫无说服力的"肯定是没有问题的，肯定是有效的"这样苍白无力的话句。

十七、我以前买过这个药，没什么效果

◎**理论指导**

遇到这类拒绝，导购的态度尤为重要，既要相信顾客的体验，不能做出过于激烈的反映，更不能轻易放弃自己的推荐。

正确的处理策略是，导购要稳定心情，了解顾客的具体情况，对无效的原因进行判断，究竟是药不对症，还是因为使用不当，或者纯粹只是顾客的主观感觉而已。而后依据具体原因决定对策，是修正顾客的误会还是调换其他适用的医药保健品，可以灵活决定。注意不要给顾客太大压力，更要避免与顾客陷入争论中。

案例 1

导购："您的症状是胃疼，吃完饭后总觉得恶心，上腹隐痛吗？那就选'健民胃灵颗粒'吧，它对一般胃炎、浅表性胃炎和萎缩性胃炎都有效，止痛效果也不错。"

顾客："'胃灵颗粒'吗，我以前买过，没什么用！"

导购："是吗？您在什么情况下服用的呢？当时症状如何，您可以详细说一下吗？"

顾客："几个月前有一次吃得撑了点，胃疼和胃胀，当时吃的就是'胃灵颗粒'，可效果不好。"

导购："明白了，其实您当时的情况是饮食饱胀，用'吗丁啉'等胃动力药更合适，药不对症当然没效果了。您现在这种情况是胃炎，'胃灵颗粒'就挺合适的。'胃灵颗粒'已经有近百年的历史，效果和安全性都好，适用范围广，被称为'胃药之王'，价格也很实惠；您先服用一个疗程，服药期间忌食辛辣、油炸、过酸食物及酒类等刺激性食品，应该很快就能恢复健康的。"

案例 2

导购："大爷，是颈椎痛吗？'筋骨贴'不错，笑星代言的：'颈椎病、腰腿疼痛就用筋骨贴'。"

顾客："我贴过了，好像不怎么管用。"

导购："是吗？大爷您能告诉我为什么会觉得不管用呢？"

顾客："贴上了之后好像没多大劲，不祛疼。"

导购："大爷，我明白了，您是想劲大点，去痛效果特别好吧？那就试试'消痛贴膏'，这个力道挺大的，消痛，强、久、快！"

案例 3

顾客："导购小姐，我感冒了，流鼻涕，打喷嚏、喉咙

还痛得厉害，什么药见效快?"

导购:"这是病毒性感冒的症状，那就服用'××'吧，专门针对病毒性感冒的。"

顾客:"'××'吗? 我吃过好久次了，前几次感冒都吃它的，之前吃的时候效果还行，上一次吃就觉得没效果了。"

导购:"明白了。向您这样的情况比较常见，是同一种药物吃的次数多了以后身体产生了抗药性;那就换成'××'吧，效果也不错! 如果症状比较重，加一个中成药'抗病毒口服液'，双管齐下。靓女，其实治疗感冒没有特效药，也要依靠自身的抵抗力。所以您要注意多休息，多喝开水，饮食清淡点，这样才能帮助身体更快恢复。"

◎专家点评

案例 1:症状不对;

案例 2:需求不对;

案例 3:耐药性。

三个案例，基本包含的这个问题的解题思路。

处理顾客认为药物无效的技巧:

1. 听到类似看法时不要轻易表态和下结论;

2. 向顾客详细了解情况，判断药物无效的根源;

3. 如果是顾客自身的原因可向其解释，解释时注意照顾顾客的情绪变化;

4. 解释后判断顾客的接受度;

药不对症或顾客不接受等原因则更换其他适合的药物。

十八、这个品牌都是广告打出来的，我不要

◎ **理论指导**

广告固然是拉近顾客与产品距离的手段，但只有医药、保健品内在的品质和疗效才能与顾客形成真正的共鸣，导购不要把关注焦点放在广告上；表述如下事实："好马配好鞍，好广告必须有好产品配合才会相得益彰"；好广告和好产品都能带给顾客不断的惊喜。

案例 1

顾客："'××'都是靠广告打出来的，没什么效果，我不要。"

导购："大姐，您说的这种情况，在'××'刚刚上市时的确是这样的。当时广告打得猛，不少顾客都有这样的担心。不过现在'××'已经卖了那么多年，每年销量都很稳定，如果功效不好，市场早就萎缩了，广告也早就停了。所以您尽管放心，能够打这么多年的广告。本身就是功效的保证。"

案例 2

顾客："我不喜欢这个广告，所以我不要。"

导购："靓女，我明白您的感觉，其实医药、保健品和化妆品、衣服完全不一样，哪些是心理上的满足，所以一定要买个舒服，要是觉得广告别扭，当然没必要购买。而医药、保健品主要看功效，是对身体问题的解决，广告并不影响使用效果。这种的疗效确实是最好的，和您的情况也特别对症，服用时间段，一个疗程才 3 天。和广告感觉比起来，身体健康才是最宝贵的，您说呢？"

案例 3

顾客："这个止咳糖浆广告很夸张，我不放心！"

导购："阿姨，广告是为了让顾客了解品牌。所以，这个止咳糖浆的广告有点夸张只是一种宣传手法而已。再说，国家对药品广告的管理非常严格，弄虚作假一定会受到严厉处罚。播广告的产品，多了一个社会监督，在质量上反而更有保障。关键是这个止咳糖浆的疗效还是很不错的，纯中药制剂，一般的咳嗽 3-5 天就可以痊愈。而且不含有任何上瘾和使人瞌睡的成分，大人和小孩都可以使用，安全性也好，所以买的人挺多。"

◎ **专家点评**

案例 1，把广告效应转变为企业实力的体现，进而映衬产品品质的可靠性。

案例 2，重疗效，轻广告的偏好。

案例 3，提供国家对于广告的严审标准，进而表达产品的品质。

处理顾客排斥的技巧：

1. 了解顾客排斥的具体原因；

2. 尊重顾客的个人观感和看法；

3. 从医药、保健品本身的功效来说明事实；

4. 从广告的作用与价值进行情感性阐述；

5. 举出第三者使用的实际效果，从侧面影响顾客。

十九、不要一味反对顾客的看法

◎**理论指导**

顾客提出这样的疑问，有时自己都不清楚到底是哪里觉得不适合，没有用，就是一种说不出来的感觉。有时仅仅因为颜色、味道等极其特别的主观原因，与其一味否认，不如积极面对。

一味反对顾客的看法或迫切地解释只能让顾客的排斥感进一步加大。有时候充分尊重、体谅顾客的感受，顾客的问题就会自然消除。其实掌握顾客的内在心理方可进行准确回应，如果始终无法排除顾客的感觉，则可更换其他合适的医药保健品。

案例 1

导购："阿叔，这个'气雾剂'工艺先进，使用方便，您为什么会觉得效果不好呢。"

顾客："这个气雾剂虽然使用方便，但我总觉得效果不如原来的膏药好。"

导购："阿叔，您的顾虑，我完全能理解，毕竟以前都是用的膏药，都没有这种气雾剂的。那是因为老一辈气雾剂还没有成熟，只能用膏剂。前面有一个阿叔刚开始也跟你一样有这样的顾虑，现在完全没有了，还是这个气雾剂要方便多了呢。况且'气雾剂'是云南白药制药集团以传统配方，经现代工艺提取、配制而成的外用型气雾剂，加入了冰片、甘油、薰衣草精油等多种辅料，增强了云南白药外用药效，止痛迅速，在活血散瘀、消肿止痛方面效果不但一点都不比传统的膏药型差，使用、携带方便，而且不会像膏贴一样容易过敏。现在买气雾剂的顾客也要比买膏药型更多呢。"

案例 2

导购："靓女，这个'正气水'是防暑降温的常用药物，效果也很好，您能告诉我您不要的原因吗？"

顾客："'正气水'效果是不错，但吃起来实在太苦了。"

导购："呵呵，'正气水'吃起来确实苦，不过'良药苦口'嘛。如果怕苦，服用时在药水中冲入适量热水趁热饮服，这样也可以。"

顾客："不行，我特别怕苦，而且也麻烦。"

导购："您实在怕苦，就换成'正气丸'吧，配方一样，功效上差不多，吸收上微微差点，好在服用、携带都方便，相对来说比较适合像您这样有点怕苦的顾客服用。"

◎**专家点评**

案例 1，导购非常好的对顾客的感觉和看法表示了理解，站在对方的立场表示认同，让顾客感觉从心里非常的舒服。了解到顾客拒绝的真正原因是担心剂型转变后效果的问题，从而从根本上进行解答，并举例进行说明后进一步用专业知识解除顾客的疑虑，从而服务好顾客。

案例 2，导购也无法排除顾客对于"××正气水"苦的担忧，转而推荐更加适合顾客的"××正气丸"并从正面回应这个不苦，且效果差别不大，重点是很适合这类型的顾客。

所以我们在门店遇到类似问题时一定不要否定和怀疑顾客，也不要将问题的责任推给顾客。一定要了解顾客的真正疑虑，并帮助其解决。

二十、我家里已经有这类备用药了

◎ **理论指导**

顾客一旦提出这类拒绝，导购应就了解到的顾客家中常备药品的品牌、购买时间、价格、顾客使用习惯、使用效果等情况，找出顾客家中所备产品与推荐产品的差异，并将各种差异转化为顾客的利益，更好的疗效是促使顾客再次购买的绝对理由。即使销售不成功，也可留下顾客的联系方式，以便后续电话跟进顾客，进一步服务。

面对这类拒绝，大多数导购往往不知道应该如何回答，如果一味死缠烂打，或轻易放弃，都不能从根本上解决问题。

案例 1

顾客："这种活络油我家里有一瓶还没用完呢，暂时不需要。"

导购："老先生，使用效果好吗？"

顾客："效果嘛，还可以。"

导购："那您是备用呢还是常用呢，现在正在用的这瓶还剩余多少呢？"

顾客："我关节不好，经常要搽一搽，好像剩的也不多了。"

导购："阿叔，既然活络油是您常备常用的，用完了肯定要再买，况且您家里的已经所剩不多了，现在带一瓶回家刚刚好啊，省得下次用完了还要再跑一次药房。"

案例 2

顾客："这种妇科外用洗剂我已经买了，还没用完呢，等用完了再换吧！"

导购："大姐，您能告诉我您买的是哪个牌子，效果怎么样吗？"

顾客："我买的是成都'××'的，老牌子，效果也不错。"

导购："您连续使用了多久？家中剩余还有多少呢？"

顾客："'××'我都已经连续用了一年多了，一直都没换过牌子，2－3天用一次；现在这瓶刚买没多久，还有挺多的。"

导购："大姐，使用妇科外用洗剂是一个非常好的卫生习惯，可以预防感染和杀菌，'××'的牌子也很好。不过使用外用洗剂和牙膏一样，要经常更换不同的配方和牌子，避免长期使用产生耐药性。一个牌子用了一年多，确实应该换换其它配方了。这个'阴'也是纯中药配方，淡黄色，气味上更芳香，您可以先带一瓶回去，等'××'用完了可以马上更换，不用特意再跑一次药店。"

案例 3

顾客："我家还有'××'，暂时不用新药。"

导购："阿叔，您使用'××'多久了，效果怎样呢？"

顾客："我是备用的，平时很少用。家里的这一盒都买两年多了，还没怎么用呢！"

导购："阿叔，我明白了，'××'是胃动力药，专门用于饮食不当引起的肠胃问题，价格比较高，用做家庭备用药不如'片'；'片'对消化不良、急性、慢性胃炎都适用，是家庭胃药的首选药物。'片'的保质期是三年，您买了已经两年多，从时间上看应该快过期或者是已经过期。用'片'淘汰'××'正合适，不会浪费。"

◎**专家点评**

三个案例有一个共同的特点，同时用到了一个思路："家里备用的是什么药，用了多久了，效果怎样？"实际就能掌握顾客与备用药的"关系"怎样，从而方便找到差异，进行销售。

顾客家中有同类备用药品的处理技巧：

1. 询问顾客备用药品的品牌、价格、效果、时间等情况；

2. 找到顾客已有药品和推荐药品的差异；

3. 对差异优势进行强调说明，加强顾客立即购买的决定；

4. 最有效的一个提问："那您现在还剩余多少，还能

用多久呢";

5. 强调："既然来了，就带一瓶回去，省的下次用完了多跑一趟更麻烦;"

6. 最后一个方法：登记顾客的资料，待顾客快用完前进行电话提醒。

二十一、我的身体好，不用保健品

◎**理论指导**

顾客产生这类拒绝时，千万不能和顾客进行争论，而是将重点放在引导顾客对健康身体和美好生活品质的追求上。基于这个前提的健康知识和产品知识，是顾客乐于接受的。有了正确的保健观念，顾客就会自然而然地接受保健产品，过于刻意的说教，只会引起顾客的不快，适得其反。

案例 1

导购："您这样说，足以证明您对自己的健康是很在意的。您的意思其实是，除非这个保健品真的对您的健康很有帮助，您才会考虑，对吗？"

顾客："是啊，现在的保健品那么多，好不好谁知道。"

导购："明白了。我感觉得出您很理智，对事情有自己的判断，不会轻易受人影响。那我们一起来判断一下什么保健品才是合适的：第一，功效确实要好；第二，适合服

用者本人情况，是这样吗？"

顾客："是啊，应该是这样的。"

导购："所以，如果有一个产品，被证明是有效的，有很适合你，您就会考虑，对吗？假如您信任我的专业，让我们共同来为您挑选一个有效果而且很适合您的产品，好吗？"

案例 2

导购："真是太棒了，身体好是最大的回报。以阿姨您的年纪，您的身体没有任何毛病，非常难得，恭喜您！"

顾客："那当然，我每年都定期体检的，今年就没有查出任何毛病。"

导购："真是太好了，阿姨您一定希望不仅要活得健康，还要活得更长寿，对吗？"

顾客："那当然，哪个老人不想活的健康长寿呢？"

导购："阿姨，这就对了，您现在健康状况那么好，如果适当地服用保健品其实可以更好地帮助您延年益寿。保健品最大的功效不是治病，而是强身健体，提高身体免疫力，延缓身体机能老化，降低各种恶性疾病发生的可能性。您的身体底子好，服用保健品的效果会比其他老人更好，保证您不仅活得长寿，而且活得更有品质。所以，真正适合您，价格又实惠的保健品您是可以接受的，对吗？"

◎专家点评

顾客没有出现身体明显的不适，是不是真的代表顾客没有购买保健品的需求，这是核心，我们要去考虑的问题。

导购一定不能浮夸、牵强地让顾客为难，更不能直接得罪顾客。

二十二、服用太麻烦，太浪费时间

◎**理论指导**

现代人生活节奏快，工作繁忙，往往容易忽略对身体的关注。不仅如此，人们即便得了病，也希望可以尽快治疗，尽快恢复，在选择医药、保健品的天性上追求见效快和使用方便。这类拒绝隐含了顾客内心的紧张和压力。理解这点并不困难，但要保证与顾客对症的医药保健品都符合见效快和使用方便这两点要求，几乎是不可能的。

所以，体谅顾客的心情成为解决这类拒绝的先决条件。体现导购对顾客人性化的关怀，解决顾客内心紧张感实际上要比理性解释服用或使用必要性程序重要得多。心理感觉始终是相对的，只要心理焦虑得以解决，顾客认为使用麻烦和浪费时间的态度自然能够改变。当然，有更好的解决方法也不要忘记告诉顾客。

案例 1

导购："这个'足光散'的使用是每次1袋，加开水

1000~1400ML, 搅拌均匀, 放温, 趁热浸泡, 每次30分钟, 每日一次, 连用三日。"

顾客: "这个很麻烦啊, 而且每次30分钟, 太浪费时间了, 我很忙。"

导购: "靓女, 您说得对。现在生活节奏快, 时间宝贵, 30分钟也不能轻易浪费, 所以您可以再泡脚时看看电视或书报, 或者闭目养神, 听听音乐, 也是对身心很好的放松。而且您还可以再对比一下, 治疗真菌的药膏使用上虽然方便, 不过要2-4周一个疗程, 而'足光散'是3天一个疗程, 对脚气的治愈率又高。相比起来, '足光散'更显省时、省力。您说呢?"

案例2

导购: "先生, 这个'痔舒息洗剂'采用坐浴的方式效果最好, 每天早晚各一次, 每次20分钟, 7天一个疗程。"

顾客: "这么麻烦啊, 我工作都忙死了, 哪有时间!"

导购: "先生, 我能理解这一点, 现代人确实工作繁忙, 生活节奏快、压力大。不过这正是痔疮发作的一个重要诱因。要彻底治愈痔疮, 避免手术治疗和复发, 不仅要结合坐浴、药膏, 内服药物进行综合治疗, 保持正确的卫生习惯也很重要。坐浴就是一种很有效的保健手段, 即使在药物治疗结束之后, 坚持温水坐浴, 也可以防止痔疮复发。每天花20分钟, 不仅驱除疾病, 也让自己放松心情, 调节压力, 对身心有全方位的好处, 您何乐而不为呢?"

◎ **专家点评**

认同顾客心理（同理心），化解麻烦（复杂变简单）。

解除顾客对医药保健品使用麻烦而产生抗拒的技巧：

1. 对顾客的感觉表示理解；

2. 对特殊使用方法的理由和效果进行补充解释；

3. 以"小麻烦可以避免大麻烦"引起顾客的共鸣；

4. 进一步降低顾客生活方式、工作、精神情绪上的压力；

5. 以适度的玩笑和幽默的话题结束对话；

一定不能抬杠和质问顾客，那样很容易激怒顾客。

二十三、哪里生产的？我从来没有听过

◎理论指导

导购必须重点掌握医药企业的情况应该包括几类：第一，国际顶尖医药企业；第二，国内具有影响力的生产企业；第三，区域内具有影响力的企业。此外，还应了解某些以单品或商标在顾客当中具有较高影响力的医药企业。当然，即使是最普通的医药企业，其介绍至少也能使顾客产生基本的信任和安全感。

强调产品品质的国家标准。

案例 1

顾客："这个'神安片'的生产企业我从来没有听说过，不是很放心喔。"

导购："大姐，现在医药企业那么多，一般的生产企业您没有听过很正常。您也不必担心，现在国家对医药制造企业的要求和管理都非常严格，一个药品必须是正规厂家生产，有国家批准的生产文号才有质量、安全保证。您看

这些产品外包装上的文号都表明了这家企业是合法正规的企业，这个'神安片'的生产质量和安全性是可以放心的。"（一般性医药保健品生产企业的介绍。）

案例 2

顾客："这咳速停的生产企业是贵州的吗？我从来没听说过。"

导购："阿叔，没听说过也没关系，我现在就为您介绍。这家厂成立于1970年，也有近四十年历史了，是贵州知名的制药企业。其实贵州地方虽然偏，但贵州省是我国的中药生产基地，本地出产很多名贵中药材都是国内最好的，所以贵州的制药企业也很发达。这家企业是贵州制药业三强之一，有不少的知名产品，中老年男性常服的六味地黄丸就是这个厂的拳头产品。所以，大叔，您不需要担心了吧？"（区域性影响力企业的介绍。）

◎专家点评

万变不离其宗，顾客所有的担心最终都会回归到产品的品质和疗效。能够说到顾客信服的点，就能让顾客对你产生很强的信任。

案例 1，用的是国家标准；案例 2，用的是区域化影响力和其他产品的等价法。

强调医药保健品生产企业安全性和可靠性的技巧：

1. 强调企业的正规与合法："没有听说过并不代表厂

家没实力";

2. 有显著特色和竞争力的应予以重点强调;

3. 列举企业有影响力和知名度的代表产品;

4. 以店铺的信誉体现医药保健品的安全性;

只证明自己推荐产品的特点价值,不贬低和攻击其他厂家及品牌。

二十四、我不要中药，见效慢，效果不明显

◎理论指导

很显然这是对中药制剂的一个误解，我们销售药品的同时实际是在传播正确的用药理念和知识。所以在处理顾客观念出了问题时，除了帮助顾客解决医药需求，还必须提供足够的用药安全知识。

事实上，任何药物的作用都是相对的，发挥疗效的前提是对症下药。从营销角度要解决顾客这类拒绝，重点强调的也是这一点，不必刻意向顾客解释中药与西药理论上的差别。导购本身必须对所推荐中药的疗效充满信心，以专业、客观的态度引导顾客接受导购的推荐。毕竟，祛除病症、消除痛苦才是顾客真正需要的。

案例 1

导购："先生，您想尽快恢复健康的心情我完全理解，不过您对中药的看法有些误会。其实只要药物对症，无论是中药还是西药，都能够很快见效。特别像跌打损伤之类的外科，中药的疗效和见效速度都要比西药好。您现在的感冒和低烧，这个'××退烧冲剂'完全可以解决，而且没有副作用，您可以试一下。"

案例 2

导购："靓女，我了解失眠的痛苦，如果从强制性解决失眠症状的角度看，西药效果确实好一些。不过西药的安眠药使用禁忌和毒副作用很大，长期服用容易成瘾。'安神片'的主要成分三七叶总皂苷是采自地道'云南三七'的植物提取，益气安神，治本求源，主治心气不足引起的心悸和失眠，长期服用没有毒副作用，也不会成瘾，安全性要高很多。从身体健康的角度建议您再考虑考虑。"

案例 3

导购："阿姨，单从降压效果上看，西药确实要比中药快得多。不过降压药一般需要长期服用，所以必须充分考虑西药带来的副作用的问题，而且西药停药后容易反弹。我向您介绍的'××降压片'是纯中药配方，是治疗高血压的一线用药，您不妨好好考虑。"

顾客："这个我清楚，可是中药降压速度慢，疗程长，难道没有更好的选择吗？"

导购："既然这样，阿姨，您不用着急。我提供一个折中的建议给您。如果您想中西药两方面的优点都具备，不妨考虑一下中西药复方制剂，既有中药固本培元、全身调整的

功效，也有西药见效快的特色，而且复方药在协作降压、抵消药物副作用方面效果明显，可以有事半功倍的效果。"

◎**专家点评**

案例 **1** ，导购对于顾客提出的异议感同身受后，用一个大家都非常熟知的案例，化解顾客对中药见效慢的误解，不但重播了合理用药的知识，也达到了推荐用药的目的，更增加了顾客对导购的信任感。

案例 **2** 、**3** 均对顾客的需求点中西药做了准确定位的分析，给予顾客真诚的建议，让顾客根据自己的切身利益权衡利弊，避免让顾客误解为导购的强制性销售，也间接传播了正确的用药观念和专业知识，让顾客对导购感觉亲切。

中药及中药治疗的特点：

1. 多采取天然生成的中草药、动物组织、矿物质等活性物质；

2. 制作工艺上以碾磨、炮制、蒸制等工艺，充分保持原材的活性；

3. 一种中药中通常含有几味、几十味原材料，协作并且抵消副作用明显。

二十五、我不要西药，虽然见效快，但副作用大

◎理论指导

在处理中老年顾客对西药的抗拒时，导购可按如下策略进行：

其一，理解顾客的看法："您的意思我理解"；

其二，使用同步技巧，讲中西药放在同等立场："无论中西药只要对症使用，都是安全有效的"；

其三，强调说明本药品的价值，促使顾客接受推荐。最后，如果顾客仍然拒绝，可用中西药复合制剂代替推荐。

案例 1

导购："阿姨，我理解您的担心。您请放心，其实无论中药还是西药，安全性和副作用都有国家的严格控制，只要按照药品说明书正确服用，都不会有太大副作用。这种消炎药只要连服 3 天，达到消炎效果就可以停止服用了。阿姨，又不是长期大剂量的服用，您不至于太担心的。"

案例 2

导购："阿叔，西药见效快、副作用大这没错。不过'是药三分毒'，即使是中药，长期服用对身体也有一定程度的副作用。安全用药的基础是对症下药，你是急症，西药可以最大程度地减少您的疼痛，让您没有那么难受。中医上说：'急则治其标，缓则治其本'，您先把症状解除了，用中药慢慢调理，标本兼治，不是更好吗？"

案例 3

顾客："我感冒了，浑身没力气、喉咙也痛。"

导购："大爷，您看'××'可以吗，治感冒快。"

顾客："这是西药。副作用大，对身体有损害，吃了还容易瞌睡，我不要。"

导购："大爷，我明白了，很多顾客都会像您一样有这个顾虑。其实，您完全不用担心，一年内偶尔服用两三次西药，是没有问题的。如果您实在担心，就选'××银翘片'和'××冒灵片'吧，这两种都是中西药结合的感冒药，副作用比纯西药制剂小，见效也比纯中药制剂快些，很多人都喜欢选择这种中西药复方药，大爷您也可以试试看！"

◎**专家点评**

这篇关于西药的疑问和上篇关于中药的疑问，刚好形成了鲜明的对比。建议大家可以好好的对比琢磨。

西药及西药治疗的特点：

1. 成分一般由有机化学成分、无机化学成分和生物等合成物构成；

2. 以各种化学合成手段为制作工艺；

3. 一种西药通常由一种主要化学成分构成，复方类西药含数种化学成分；

4. 治疗目的明确，通常一种西药治疗一种明确的病症；

5. 见效较快，疗效明显，毒副作用相对要大一点。

二十六、我想再去别的店看看

◎ 理论指导

这种说法带有明显而且强烈的托辞意味，是顾客较为常见的拒绝手段。促使顾客产生这类拒绝的根源并不在顾客身上，其本质是导购或门店还没有给顾客足够的信心，顾客没有安全感，还不能做最终决定。

解决的对策在于强调自身的优势，不要陷入与顾客细节性的纠缠中，反而容易让顾客进一步抓住拒绝的理由。更不要打破沙锅问到底，执著地追问顾客到底要去什么店。让顾客明白门店的信誉和导购优质的服务才是最重要的，珍惜"眼前人"，才能促进顾客当场做出成交决定。

案例 1

导购："阿姨，您是担心产品的价格吧？其实您问的这些都是家庭常备药，各店的价格差别都不会很大。即使有出入，也不过是一两毛钱的差别，其实无需花时间去对比的。况且买家庭常备药最主要是图个购买方便，再去其他店比较，不仅浪费时间，而且以后购买也不方便。俗话说：'一回生，二回熟'。虽然您是第一次来我们店，但我们一定服务至您满意为止。您要相信我，就完全没必要再到其他门店了。"（面带微笑、亲切地说完。）

案例 2

导购："大哥，货比三家非常应该，看得出您非常细心，也很有自己的判断力。现在的市场是完全开放的，价格透明度也很高。根本没有暴利的可能。何况我们店是平价药店，以服务周到和价格最平为经营宗旨，开业 10 年来靠的是口碑和老顾客的支持。我相信我和每一位同事都可以为您提供最优质的服务，令您百分百满意。相信最终您还是会选择我们门店的。"

◎专家点评

顾客说去其他门店看看，归根结底就是你还没有取得顾客足够的信任，没有满足顾客的需求。

解除顾客要去其他店比较的技巧：

1. 坚信门店所销售的医药、保健品安全可靠，价格公道；
2. 坚信自己能帮助顾客做出最正确的选择；
3. 确信自己给顾客的服务是最出色的；
4. 强调自己门店的服务宗旨、特色、核心竞争力；

5. 避免和其他别的门店做正面的比较，不要陷入和其他店的细节对比。

让顾客明白，选择门店的信誉和导购的优质服务才是最重要的。

二十七、我没有带够钱，下次发工资再买

◎**理论指导**

这是一个非常具有欺骗性的拒绝，既充满了无限的机会，又是一个危险的信号。充满了无限机会，是因为顾客的理由有可能是真实的，顾客可能真的会在发了工资后回头购买，但这样的顾客屈指可数。而危险信号则说明了这是顾客明显的敷衍，大多数顾客是在给导购制造一个拒绝和逃离的陷阱。

要避开这个陷阱其实并不困难，导购需要做的是对顾客的实际购买力再次做出判断，根据实际情况决定解决对策。如果无法判断清楚，则将顾客的说法全部预设为借口，坚定不移地进行后续促成。促成过程中自然能够暴露出顾客的真实情况，假如顾客真是现金不足，则转为提供其他有效的解决方法。

案例 1

导购："现在物价上涨快，需要花钱的地方也多，暂时

没带够钱也很正常。不过身体健康是一切的根本，是阿拉伯数字当中的 1，没有这个 1，后面有再多的 0 也没有意义，所以服用保健品是投资而不是消费。既然您已经决定发了工资再买，（最关键的预设）那么，早一天服用，早一天健康，让生命中的每一天都拥有健康真是太重要了。您说对不，先生。建议您早一天开始保养，这是自己对自己的关爱。"

案例 2

导购："小姐，如果真是没带够钱的话，您可以告诉我您是什么时候发工资吗？"

顾客："15 号，还有半个月左右呢。"

导购："刚才我们沟通得非常融洽，您已经非常清晰地了解这个口服液对维护身体健康的重要性，您也同意了每天花 2 块钱投资在自己的健康上是一件很有价值的事。既然您已经决定了，其实您并不需要等发工资再买，您现在可以选个小包装，这样只要先花一半的钱就可以开始体验了，一个小包装刚好使用半个月，已经可以初步让您体验到效果，这样等到发工资在按疗程购买，您看这样可以吗？"

◎ **专家点评**

两个案例，两个思路。其最终目的终究是确认顾客说辞的真实性。解决顾客"钱没带够，等发了工资再买"问题的技巧：

1. 所有顾客都有追求健康的潜在需求；
2. 试探顾客抗拒的真正原因，消除顾客的疑虑；
3. 强调购买的迫切性："早一天服用，多一天健康"；
4. 举一个真实的案例，引发顾客的共鸣；
5. 提出解决方案，如更换较小的包装等；
6. 留下顾客的资料，以便合适的时候进一步联系顾客。

二十八、价格太贵了

◎ **理论指导**

这是顾客一个最常见的拒绝借口，大多数顾客以此为购买医药、保健品时最坚定的拒绝理由，通常的根源往往是顾客本能的反对习惯，而并非实质性的拒绝。尤其在导购主动进行保健品和家用医疗器械的推荐时，顾客的拒绝更是因为"拒绝习惯"的本能反应使然，其潜在思维是不愿意被导购强迫而并非买不起。

关键的处理对策是：

其一，只当没听见，不动声色地继续进行促成；其二，强调不及时购买对健康的危害；其三，利用数字分摊法，将费用依次分摊到每月、每周和每天上，让顾客的潜意识逐步感觉到经济上可以承受。

如果顾客的购买力确实不足，则不妨降低首次购买量或更换价格较低的同类产品，使顾客能够接受。

案例 1

导购："阿姨，真正买不起的是当我们失去健康之后再买回一个健康的身体，那才是花多少钱都买不回来的。俗话说'长命百岁'，您离100岁还有好几十年呢。以前是没条件，现在经济好了，您完全有能力让自己活得更健康、更长寿！至于这点钱，每年少上一次医院就能省回来了！阿姨，投资在自己的身上比什么都值，对不对？"

案例 2

导购："大姐，价格贵或便宜要看从哪个角度理解，如果您买的产品对身体毫无帮助，哪怕只要一块钱也是贵的。如果能够买回健康和快乐，再贵也值得！现在工业发达，污染严重，得癌症的几率也高，帮助身体定期排毒是现代医学证明最有效的健康与防癌手段。如果不好好帮助身体科学地预防疾病，万一得场大病那才真的划不来。大姐，我看您并不是真的嫌它贵，而是在考验我的态度。大姐，您看我的态度还让您满意吧？呵呵！"（保持真诚的微笑，让顾客感受到轻松。）

案例 3

导购："阿叔，这个电子多功能保健仪不过1200多元，您真的承担不起吗？"

顾客："是啊，我一个月退休工资也不过这么多，还要过日子，哪还有余钱买这个。"

导购："大爷，我明白了，我给您举个例子，如果现在开始每个月您的退休工资少50元，会不会影响您的生活

呢？应该不会吧？（注视顾客，以眼神向顾客做确认。）这个保健仪的使用年限是 8 年以上，我们就按两年算，每个月只要花 50 元，每天不到 2 块钱，您就可以拥有这台仪器。剩下 6 年您等于完全免费聘请了一个 24 小时贴身服务的保健医生。您花这 1200 元是对自己后半辈子健康的一个投资，是不是很划算啊？"

◎ 专家点评

案例 1 从健康的角度，产品有价，健康无价；

案例 2 从预防的角度，不怕一万，就怕万一，要是真的出了问题，可是要花费更多；

案例 3 价格分析、剖析。从贵到划算的转化。

解决顾客"买不起"问题的技巧：

1. 对这类问题不必紧张，不必匆忙回应；

2. 态度自然地进行说明，注意用轻松与幽默的语气；

3. 重点强调顾客不购买可能产生的危害；

4. 将费用分摊到每个月、每周、每日上，或者与看病住院的费用进行对比；

5. 确实是顾客购买力的问题，可降低顾客的购买量，进行促成。

二十九、打消顾客疑点，达到购买

◎理论指导

这是顾客最常见的拒绝之一。

就顾客而言，代表了含蓄的拒绝，反应出顾客在做购买决策时最普遍的习惯举措：迟疑，也反应出顾客对门店、导购或者产品本身还存有疑虑。

把注意力放在顾客的表面理由上，有可能会导致导购无法真正看清顾客拒绝的根源，判断的关键是看顾客能否给出清晰、明确的原因。如果是，则为疑虑；如果不是，则为迟疑。

面对这类拒绝，导购需要毫不犹豫地帮助顾客下决心，而迁就顾客的说法等于主动放弃成交机会。

导购要向顾客强调购买的迫切性，着重说明顾客不及时购买将会造成的损害，充满信心地引导顾客做出成交决定。

如果顾客始终犹豫不决，则需要导购以专业权威的身份，果断地替顾客做出决定。否则时间越久，顾客越难迅速做出决定。

案例 1

导购："阿叔，病痛不及时治疗可能会耽搁病情喔！无论您出于什么原因还需要继续考虑，我们如果能一起及时处理这些原因，帮助您迅速做出决定，这对祛除疾病而言是最有利的。您可以告诉我，您到底还要考虑哪些原因呢？"

案例 2

导购："阿姨，也许您确实需要一些考虑的时间，可是您的健康问题不会等您过多考虑，过一段时间在决定和您今天决定相比并不会更容易，考虑的情况也不见得会减少，而您的病情却有加重的风险。万一由于您今天的犹豫而导致病情加重或者出现其他意外，不仅得不偿失，承担后果的也还是您自己，所以建议您尽早地决定，这才是对自己负责的态度。您说呢？"

案例 3

导购："大哥，考虑周详是优点，犹豫拖延就是缺点了。健康需要自己负责而不是交给其他人，既然我们已经确定了保健品对您的利益，您也不是消费不起。那么这是一个需要考虑的决定，而不是一个困难的决定。您是一位有判断力，能够为自己负责的人。决定了，问题就解决了，不决定，问题还存在。与其花时间给自己制造压力，不如彻底让自己去舒服地感受产品带给您的活力！轻松决定，拥有健康，您就别犹豫了，我这就为您开单喽。"

◎**专家点评**

还是那句话，需要考虑，说明提供价值不够，信任度不够。

有时顾客也不知我还需要考虑什么，其实就是你还没有完全让顾客信服。

解决顾客迅速决定的技巧：

1. 正面回答：帮助顾客迅速决定；

2. 直接说明：拖延是一种不好的习惯，事情能够马上完成最舒服；

3. 考虑顾客的利益：身体的健康越早恢复越好；

4. 以危机打动顾客：拖延会加大病情的恶化；

5. 稍加压力：顾客不能决定是导购的失职，优秀的导购必须能够帮助顾客做出正确的决定；

6. 以真诚鼓励顾客的最终行动：心动不如行动。

三十、保健品都是骗人的

◎ **理论指导**

这是一个因为无知或者偏见引发的拒绝，是很可笑的。

这个问题同时也反映出顾客内心的固执和成见。当然，也不排除顾客恶作剧的可能性，以及顾客确实有过上当受骗的经历。

高明的解决对策是，导购不必与顾客立即进行正面的辩论，以避免直接冲突，要对顾客负面体验进行详细的了解再回答。阐述事实时，要简明扼要，使得顾客内心承认即可。导购如果事先准备好店所销售保健品相关权威而且正面的新闻报道、行业报告，促进顾客树立正确观念，做到"不战而屈人之兵"方是最高境界。

案例 1

导购："阿姨，您是以前买过保健品上过当，感觉被骗才那么说吧？您能具体说说当时的情况吗？"

案例 2

导购:"呵呵,靓女您一定是在开玩笑了!您看,这是我们店这一周的销售报表,那么多的顾客的都是保健品。您说我要同时骗那么多人,这不太现实对不?"

案例 3

导购:"阿叔,我还没有从事医药保健品的导购工作之前,也曾经这样认为。我在全面学习了医学养生知识后就明白了,完全达到健康标准的人非常少,大多数处于亚健康的状态,如果不进行妥善的保养,会逐步发展为疾病。适当服用保健品是一种增强免疫力、预防疾病、维持健康、延年益寿的好方法。阿叔,说到底,您是担心产品过分吹嘘和不适合自己吧?如果是这样,您放心,我为您介绍的都是质量可靠并且适合您体质的。这里有国家权威媒体的对老年人保健品和如何正确选择保健品的报道,您看一看,总该相信吧!"

◎**专家点评**

正面面对,不逃避、不躲避。

自己要有足够的信心,对自己的门店的产品要信心百倍。

同理心,理解顾客的担忧。

处理顾客因偏见或误解而产生的拒绝的技巧:

1. 对这类问题要正视但不必郑重;

2. 通过询问了解顾客潜在的真实原因；

3. 简单明了地说明事实，顾客默认即可；

4. 准备好资料，在必要时用以佐证；

5. 行业普遍性问题和无法解决的问题不要轻易牵扯；

6. 持续向顾客促成销售。

三十一、你们是一家新店，万一倒闭了怎么办？

◎理论指导

这是一个碰得到却稍显杞人忧天的问题，本身有可笑的成分在，但也不排除顾客隐藏的担忧。不必深入探讨顾客问这个问题的根源，因为大多数情况下，顾客是在一种无意识的状态下随意地提问，也可能是为了缓解一下自己的紧张感，避免过快做决定。当然，也有极少顾客存在少许担忧，需要获得安全保障。

与顾客其他明显带有主观偏见的问题一样，不需要与顾客就"是与否"持续纠缠，郑重其事地承诺并不是解决问题的最佳方式，简单地说明或者只当没听见也行。顾客姑妄言之，导购姑妄听之。也可以用轻松幽默的方式对顾客的念头进行巧妙地转化，打消顾客深究这个问题的念头。

案例 1

导购："靓女，您问得太好了，其实我和您一样关心这

个问题。您在这里不过是买药治病，而我天天在这里工作；您只有需要的时候来，买了就走，不需要有任何担心，就算我们店有一天关门了，您也不会有任何损失，而我天天要在这里上班，如果店铺关门，我就要失业了，所以，我需要认真工作，更要服务好您，才能让您有需要的时候能够惠顾我们。只要得到你们的长期关照，店就可以开下去，这样我们就都不用担心了，不是吗?"

案例②

导购："大哥，其实我们店能开多久完全是由您决定的！我们是个社区店，服务的是周边居民，依靠良好口碑和服务才能生存。能够得到您的关照，我们店就可以长期营业下去，您要是觉得我们做的不好，不再支持我们，我们就只有关门了。所以能开多久，真的由大哥您决定！有问题，请您告诉我：您满意，请告诉您周边的朋友。"

◎专家点评

案例①，很好地暗示了顾客，出了问题门店的损失会比顾客大多了，只要能服务好您，我们就有信心长期经营。

案例②，把门店是否能长期经营的决定权释放给顾客，让顾客心底里明白，门店和顾客是同一战线上的战友。

顾客各类无聊或莫名其妙拒绝的处理技巧：

1. 对所有这类问题都不必十分当真；

2. 继续做自己该做的事；

3. 姑妄言之，姑妄听之，当作没听见，也行；

4. 答则轻松，幽默。

三十二、你们店的价格比其他店的贵

◎ **理论指导**

这是一个似是而非的异议，通常是顾客准备购买或者准备放弃前的最后一击。如果导购能够有效解决，顾客会选择购买；如果导购的解释不能让顾客满意，那么顾客也很容易逃离。在进行处理前，导购先要对顾客异议的真实性进行排查，如果顾客能够明确举出第三者店铺的具体名字和价格差别，则是真实异议，反之则是明显的推诿。

这类异议的解决策略并非是直截了当解释价格的差异，这样会陷入细节的陷阱。"尺有所短，寸有所长"。**"贵"纯粹是顾客的一种特殊的尊贵感，让顾客感受到物超所值，要比生硬的解释贵不贵有效得多。坚信一点，你能够给予顾客最有价值的服务。**

案例 1

导购："先生，谢谢您告诉我这件事，现在的医药、保健品店很多，进货渠道也不一样，个别单品在价格上有细微差别在所难免，您可以将情况说得详细些吗？我需要做个完整的记录，报公司进一步核实。如果情况属实，我们公司将邀请您成为我们的市场特别巡查员，协助我们完善工作，改进服务。这里有三元抵用券，非常感谢您提供这么宝贵的信息，下次您有什么需要的可以直接抵扣三元，谢谢。"

案例 2

导购："阿姨，我相信您说的是事实。现在行业竞争激烈，零售价格也随时在变动，我们尽管也非常注重对市场信息的搜集，但难免挂一漏万。不过，即使有差别也是个别产品一两毛钱的差别，您可不能一棒子把我们打死了。再说，除了价格之外，您还可以比一比服务、信誉和门店分布等方面的情况，我们是品牌连锁店，在全市范围各主要商业街和社区都有分布，不仅方便顾客就近购买，而且还提供缺药代订、送货上门服务，营业时间也比一般的店多一个小时，最大程度地方便顾客。您想，为几毛钱损失那么多便利，是不是很划不来呢？"

◎**专家点评**

处理顾客"价格比其他店贵"的技巧：

1. 先听听顾客怎么说，是不是有实际所指；

2. 如果顾客的反应是真实的，谢谢顾客提供的信息；

3. 以更出色的态度和服务让顾客感动；

4. 以平时收集的价格清单让顾客放心；

5. 充满热情的关怀和细致的服务是触动顾客心弦的关键。

一定不能直接回绝顾客说"不可能"类似的话，对顾客持有怀疑态度，让其不满。

三十三、你们店产品没有其他店的全

◎**理论指导**

顾客提出这类问题时，导购不要急于解释，过多解释反而会加深顾客的不信任感，导致顾客离店。

无论门店品种数量多少，找到顾客实际需要的产品就解决了问题；如果无法满足顾客所需，诚恳道歉及缺货代订服务可以消除顾客的不快，重新建立对店铺的信任。

中国人有句老话叫："货卖堆山"。品种齐全，顾客选择余地大，对医药、保健品店而言是一种强有力的竞争手段。顾客上门找不到需要的药品会直接影响顾客对店铺的看法，造成顾客的流失。保障各类医药、保健品的充足是在经营上需加以解决的问题，不能等到顾客不满足产品后再被动地应付这类问题。

案例 1

导购："大哥，我们店确实不大，所以您难免会有这种误会，其实我们店里各类家庭常备药品都挺齐全的，处方

药和保健品也不少。对您来说，最关键的是要选到您需要的药品。说实在的，店再大，没有适合您的也没有用啊，您说对不对？您需要哪方面的药呢？"

案例 2

导购："您这样说有您的道理和标准，我们可以待会儿再讨论，还是挑选您需要的药品更重要些。挑到合适的当然最好，万一没有您需要的药品，我们店还提供缺药登记代订服务，一般的药 24 小时可以到货，特殊的药最多 7 天也可以到您手上。无论如何，我们都一定会尽力让您满意。"

◎专家点评

案例很好地把顾客的关注点和重心从关心门店品类结构转移到了解决药品需求本身上。

处理顾客"药品不全"异议的技巧；

1. 先听顾客说完，不要争辩和解释；

2. 把问题放一放，先确定顾客需要的是什么；

3. 找到顾客需要的产品，问题自然解决。

三十四、为什么你们店不打折

◎**理论指导**

解决这类问题时，导购先要以诚恳的态度了解与判断顾客所说的真实性。即使顾客是虚晃一枪，也要注意给顾客留有面子，如果顾客说明情况属实（当然，这种情况极少），则说明不打折的理由，取得顾客的理解，不能轻易让步。即便不能给顾客折扣，也可以给予特别的尊敬和真诚的祝福，感动顾客，顾客则不好继续纠缠下去。

事实上，每一位顾客的潜意识都希望自己是与众不同的。这类问题的实质是顾客在证明自己很了解行情，言外之意是希望导购不要弄虚作假，更希望真正获得价格上的优惠。

案例 1

导购："阿姨，我也想打个低折扣给您，但我不能这么做，因为这违反店里的规定。遵守规则是每个导购

的职责，同样，诚信经营也是每一家医药、保健品的职责。医药、保健品和其他商品不太一样，要对顾客的健康和安全负责。如果可以轻易打折，意味着我们的品质和服务也可以轻易打折。大妈，您愿意在一家没有信誉的店里买东西吗？您愿意和一个品质低劣的人打交道吗？是不是这个道理呢？"

案例 2

导购："先生。假如您是这家店的老板，我是您的员工，您希望我为了做业绩而不顾公司的规定随便打折吗？您肯定不愿意，因为这样会破坏规则，造成顾客的不信任。况且，您也不是一个计较几块钱的人。虽然我们不能打折，但我们会在服务方面做出更好的表现。您放心，我一定会竭尽全力为您服务，希望您能尽快恢复健康，成为我们的老朋友。"

◎专家点评

给予顾客必要的尊重，把价格问题转变成价值的体现（药事服务）。一定不能硬邦邦地回应，表示对顾客的不信任。

顾客提出各种异议的根本原因：

1. 是基于顾客的本能；

2. 对需求认识的不足；

3. 信息不足；

4. 传统或错误观念的影响；

5. 对门店、导购、产品信心的不足；

6. 拒绝或者杀价的借口。

三十五、我是老顾客了，再额外打个折呗

◎理论指导

这仍然是一个顾客希望获得特别待遇而产生的异议。这类问题通常是顾客的杀手锏。这种直截了当的要求往往会给导购带来较大的压力。常常会有导购顶不住压力，不是过于紧张不知道如何回答就是轻易让步，因为老顾客的身份使得导购不能"欺负"顾客不熟悉情况，而轻易让步又容易破坏相关的规定。

所谓"以百炼钢为绕指柔：一旦顾客提出这类问题，解决的关键是以柔克刚，先以特别热情和赞赏使顾客获得尊重感，通过引导使顾客变得不那么难沟通，再将主动权重新抓回手上，根据顾客个性和顾客对门店熟悉程度决定是否给予特别折扣，强调这是："特别的爱给特别的你"，让顾客大有面子，拥有特别的喜悦和成就感。

案例 1

导购："呵呵，谢谢您一直以来的支持和照顾，您既然是老顾客了，那您一定很清楚我们店不打折的规定了，价格不打折，服务更不打折。"

案例2

导购："怎么可能把阿姨给忘记呢，您每次过来都会帮孙子买些金银花露，我都记得！您是提醒我帮您计算积分吧？嗯，算上这次消费额，还差十几块钱就达到领取 VIP 金卡的标准了。阿姨，您看，现在能不能享受更多的会员优惠是由您自己决定了，这点差额您是留在下次消费再补还是这次补足，正式成为我们 VIP 金卡顾客并马上换取金卡会员礼物呢？"

◎专家点评

案例 1 ，把价格不打折与服务质量联系起来，既缓解了尴尬也给顾客留住了面子。

案例 2 ，从顾客本身出发，让顾客看到自我价值的体现。

一定不要沉默以对或只考虑自己的立场。

顾客常见的异议类型：

1. 因没有充分了解而产生的异议；

2. 因拖延迟而提出的异议；

3. 因个人主观偏见误解而产生的异议；

4. 因产品本身的异议；

5. 因对比而产生的异议；

6. 因门店或导购等原因产生的异议。

三十六、过几天就是会员日了，我到时候再买

◎ **理论指导**

会员日是医药、保健品店为了维持客情关系、增强顾客忠诚度的重要手段，在增加门店销售额上也有不小的作用。在会员日购买可以给顾客带来更多的优惠，比如积分加倍、会员特惠产品、特别折扣等，但因此也容易给会员顾客造成一个拖延和拒绝的现场借口。而且身为会员顾客，对门店情况熟悉，提出的异议使导购更不容易应对。

不过也正是因为是老顾客，对导购而言，更容易辨别出顾客异议是否为推托之辞。同时，也因为是老顾客，与导购彼此关系为熟悉，可以直截了当地说实话来加大顾客立即购买的可能性。当然，如果顾客执意要等到会员日，也不需要过于勉强，记住老顾客的需要，在适当的时候以短信或电话提醒即可。

案例 1

导购："李哥，您是我们店的老顾客了，所以我实话实说您别介意。看得出这几种防暑药是您用来备用的，放到会员日买当然没什么，不过这种"护肝灵"是抗病毒和降酶的，属于对症性比较强的即用药，耽搁不得，您今天就应该买回去，其他几种倒不急，下次或者今天买都可以。"

案例 2

导购："王先生，既然您已经决定了购买，就说明您还是很认同这种保健品的。俗话说选日不如撞日，毕竟会员日还有十几天，早用早健康，不如您现在买一盒先试用，这样等到会员日也差不多感觉得出初步的改善效果了。如果有好的效果，在会员日一次性买够一个疗程，确实可以节省不少钱：如果效果不理想，也可以考虑更换其它合适的产品，不必花冤枉钱了。您说是吗？"

案例 3

导购："廖经理，您买东西向来谨慎，等到会员日再买当然可以。不过医药、保健品不是股票，要选日子买，而是身体有需要就应该马上买。既然您已经认同了自己的需要，为什么不马上决定呢？您是做大生意的人，上百万的生意都可以立马决定，不会那么介意会员日的一点小小折扣吧？毕竟，健康是无价的！您的身体最重要，早一天服用，早一天健康，您说是吗？"（特别给予顾客面子上的肯定和心理上的关怀。）

案例 4

导购："张大妈，您是老顾客，对我们店的情况很熟悉，我就不多啰嗦了。提醒您一下，现在您挑中的这支野山参品相非常好的，现在快冬天了，买参的人很多，建议您尽早选择。"

◎ **专家点评**

案例中从病症的时机、产品的实效这两个点出发和顾客沟通，早一天用药，早一天康复。

正确对待顾客异议的态度：

1. 嫌货才是买货人；

2. 针对提出异议的顾客，而非针对异议；

3. 处理的态度比处理的技巧更重要；

4. 每一次有效的异议处理都是促成交易的机会。

异议处理有助于促成交易，但并非所有的成交需要经过异议处理。

三十七、我就住附近，等你们有活动了再买

◎理论指导

这是再明显不过的借口。这是典型的因顾客犹豫不决而引发的推托之辞。此外，这个说法也反应出顾客曾经从门店经过，对活动留有一些印象，希望以此理由作为杀价或争取更多优惠的借口。

导购解决这个异议时，要注意一分为三：如果基于第一种原因，则不妨让顾客说说活动的具体情况或印象，根据其信息的准确程度决定应对策略；如果感受到的行为明显属于杀价之意，也需要不动神色，向顾客请教对活动的意见，这是一个"回马枪"式的技术，可以迅速判断出顾客要求的底线，处理自然就容易得多。

案例 1

导购："是吧，先生经常看到我们的活动吗？一看就知道您是一位非常有水准的人，对我们的活动一定有着很多的看法和建议，我诚心向您请教，可以和我说说对我们活

动的感受吗?"

案例 2

导购:"明白了,大姐,不过现在离我们店下次活动还有很长的一段时间,这些家庭应急药必须要随时备齐,才可以做到以防万一,既然已经选出来了,还是尽早购买好。"

案例 3

导购:"大哥,谢谢您一直在关注我们!从现实的立场看,除了家庭常备的一些应急药品外,其他的医药、保健品还是有需要的时候即买即用更合适。有没有优惠活动是次要的,最重要的是能及时使用,如果您家里的各种常备药品已经齐备,其实买不买都没有关系,您可以四处看看,给我们提点意见。"(说明事实又照顾了顾客的面子。)

案例 4

导购:"大姐,如果是这样,我就实话实说了。我们每次活动的主题和内容都会调整,不完全是打折优惠,而且有些活动是专门针对不同顾客的。您既然经常看我们的活动,应该知道我说的是事实。如果您希望活动时有折扣上的优惠,下一次不一定碰得上,况且我们还不知道下一次活动具体时间,如果是购买一些家庭备用药品也许还可以等,但像您挑选的这些都是针对性很强的治疗用药,不及时治疗恐怕耽搁病情,得不偿失。何必因为等待活动而妨碍您立即下决心，您说对吗？"

◎ **专家点评**

这个跟上述会员日后再购买的逻辑类似。

顾客异议处理的基本方法：

1. 认真聆听顾客的异议，听清楚，听明白；

2. 锁定异议，向顾客重复问题的核心；

3. 迅速、细致地分析顾客异议产生的根源；

4. 给予恰当的解答，以理服人，以情动人；

5. 解答完毕后，紧跟促成动作。

三十八、不要赠品，直接帮我打折吧

◎理论指导

这是一个非常明确的异议，其目的呼之欲出，那就是杀价。很多导购并不擅长处理这类有着极其明确杀价要求的问题。事实上，顾客的意图如此明朗，主动权很容易掌握在导购手中。关键只有一句话，就是顾客的面子比银子更值钱。换一句话说，给顾客足够的尊重和面子，是处理这类问题的最佳手段。

顾客并不是真正在乎一点折扣，而是在乎自己的面子有没有被尊重，导购需要强调赠品就是给予顾客的特别心意。如果是熟悉的老顾客，以轻松、幽默的应答将顾客放在"高人一等"的位置，这种以退为进的方式将在最大程度上帮助顾客获得精神上的满足感。记住一句话，给足顾客面子，是沟通顺畅的关键。

案例 1

导购："呵呵，美女，如果又有赠品，又能打折肯定好。这次赠品是生产企业 10 周年促销，一年也难得碰上一次，您其实已经很幸运了，放弃真的太可惜了，这是额外赠送的。再说这么漂亮的纸巾盒，又好看又好用。您挑一个喜欢的款式，我都您开单。"

案例 2

导购："这么说，您还是决定购买了，先谢谢您！不过您的这个要求我恐怕没有办法答应，因为我们店从不打折的，这次的赠品，还是为了回馈老客户特别向公司申请的，整个赠送活动的时间很短，只有三天，今天正好最后一天。您真幸运，那么凑巧就赶上了，值得恭喜！机会难得，我也不多说了，先帮您把选好的药品装起来吧?"

案例 3

导购："大叔，我也很想满足您，可惜我没有权利决定这件事，我能做到的是帮助您找到合适的产品。其实能够找到合适的产品让身体的健康更有保障本身就值得高兴，就算没有折扣和赠品，只要真正对大叔的身体有帮助，大叔您也会毫不犹豫决定的，对吗? 赠品是意外的惊喜，喜上加喜，您老应该更开心，对吧?"

◎专家点评

把赠品变成一种额外的福利，而不是一种促销活动。

异议处理常见误区：

1. 不知如何回答；

2. 有问必答；

3. 陷入细节的纠缠与对比；

4. 陷于和顾客的争辩；

5. 陷入细节的纠缠于对比；

6. 忘记随时促成。

三十九、顾客想要购买，但同伴摇头

◎ **理论指导**

顾客与同伴一起进门店，同伴的影响常常举足轻重。同伴摇头的原因可能是因为觉得导购的介绍有不妥之处，或者觉得导购推荐的产品并不适合顾客的情况。也可能是与重点顾客一起进店时，导购过多把注意力放在重点顾客身上，忽略了对其的接待，因为被冷落引起不满而变得对立。

要排除顾客同伴可能产生的负面影响，关键策略有几点：其一，在顾客进店时就对所有来客一视同仁，得体接待；其二，在明确购买主次之后，先争取同伴的正面立场；一旦发现其处于反对立场时，虚心地向其询问具体原因，尽快处理。如果其他导购能够见机行事，主动上前接洽，分开处理，也是不错的方法。

案例 1

导购："大姐，刚刚我在介绍的时候您一直摇头，是您

觉得我介绍的产品不适合您的朋友，还是我的介绍有不妥当之处，您可以告诉我具体的原因吗？"

案例 2

导购："这位大哥，我看您光摇头不说话，是不是有什么不对的地方您不方便说。这样好了，您的朋友正和我的同事聊得起劲，如果您有什么想法和我聊吧，我带您在店里四处看看，边逛边聊，这边请。"（其他导购采取的第三方转移法。）

◎专家点评

案例 1 运用的是直接了解原因。对于异议采取主动回应，让顾客自我解决问题。

案例 2 进一步运用了第三方转移法。让同伴也深感被重视。

处理第三者异议的技巧：

1. 多个顾客进店，一视同仁，热情接待；

2. 迅速辨明顾客之间的主次关系和影响力程度；

3. 对第三者要有足够的尊重度，争取对方与自己立场一致；

4. 利用第三者的立场影响关键顾客迅速成交；

5. 请同事帮忙分开接待或转移注意力。

四十、全场打折，是事先把价格标高了打折吧

◎**理论指导**

这是一个充满了不信任的反对意见。这表明顾客曾经受到过类似的伤害，也表明了顾客初次购买，无从对门店的诚信做出准确评价。导购必须看清这样一个事实，如果能够有效解决其心理障碍，这类顾客将会成为本店最忠实的顾客，不仅自己会成为门店的长期购买者，还会源源不断地提供其周边客源，好处着实不少。

处理这类问题的重点是直接面对顾客，所谓"心病还需心药医"；理解顾客的性格特征和主观倾向是解决关键；斩钉截铁、果断明确的态度并不会得罪这类顾客，反而更容易纠正顾客的偏见；事实胜于雄辩，以实际案例做说明，揭示事实的真相，即使顾客口头不说，内心也能感受到导购的真诚。

案例 1

导购："先生，我们全场打折是为了庆祝我们第 100 家

新店开业全公司所有门店统一做的促销活动，一共才 3 天时间。如果要把每一种医药、保健品的价格调上去，我们既没那个必要，也没那个时间。况且我们都是统一电脑记帐，就算我们手工能调，电脑也调不了啊，您还有什么不放心的呢？"

案例 2

导购："美女，我们全场打折是因为周年庆答谢顾客的真情回馈活动，所有价格每天都有那么多新顾客看着，怎么会弄虚作假呢？您看这个德国拜耳的散利痛，市面零售价是 7.5 元，我们店零售价是 7.35 元，原本就比市场价低，再打 9.5 折，一盒才 6.98 元，已经基本没有利润了。还有板蓝根、三九胃泰这些常用药的价格都很透明，只要往上调，一眼就看出来了，您仔细比比看，就会知道我们绝对没有作假。"

案例 3

导购："大姐，您怎么会有这种想法呢？现在的市场环境下，我们要是敢这样做，不是砸自己的饭碗吗？我们店开了都有 10 年了，要是干这种事情恐怕早就关门了，您觉得我讲的在理不？"

◎专家点评

面对这种疑问，直接用事实证据告知顾客就好，无需特别强调，顾客会有自己的判断能力。

一定不能激怒顾客，也不能指责其他门店。

消除顾客打折疑虑的技巧：

1. 了解顾客提出来疑虑时的心理状况；

2. 简短但有立场的解释，决不能犹豫；

3. 用顾客比较熟悉的产品的实际价格展开对比；

4. 告诉顾客一件事，事实胜于雄辩；

5. 必要时提问顾客："您怎样才能百分之百相信我们没有作假呢?"

四十一、这几个都差不多，我该选择哪个呢？

◎**理论指导**

任何人在做出决定前，对自己不太了解和不能够完全把握的事流露出一丝犹豫是非常自然的事。顾客此时多半出于以下两种心理：其一，顾客确定不知道任何选择；其二，顾客内心其实已经有了决定，但基于怕犯错和不好意思的心理而不能坦白说出自己的想法，需要导购适时引导。

无论顾客出于上述两种的哪一种，导购都需要以非常明确的态度和果断的行动帮助顾客做出决定，而顾客对导购促成的接受程度取决于在前期沟通过程中，导购权威感和信任感的建立。促成顾客迅速做出选择的成交要素通常基于如下几种：价格、疗效、广告及从众心理。

案例 1

导购："大姐，这几个药品在配方与功能主治上相差的确不大，您的病症其实都适用。如果您讲究物美价廉的话，就选××吧，价格最低，效果也好。买东西，关键是只买对的，不买贵的，就选它吧，我帮您打单（价格导向因素）。"

案例 2

导购："先生，如果您决定不下来，我建议您看疗效！这几个品牌配方和功效主治虽然一样，但北京同仁堂历史悠久，用料讲究，工艺也更精细，效果明显更胜一筹，就选同仁堂的吧（疗效导向因素）?"

案例 3

导购："大伯，既然您自己不好判断，我建议您还是选择××。此药不仅买的人最多，销量也最好，上个月还曾经脱销呢！买的人多，药品的安全性和疗效就比较有保障，您也可以更放心。大伯，您是拿一个疗程还是两个疗程呢（从众心理导向）?"

案例 4

导购："小姐，既然您决定不了，我帮您参谋一下吧，你平时选购物品喜欢以什么作为选择依据呢?"

顾客："我平时喜欢看广告或者听朋友介绍来决定。"

导购："这样就简单了，您选这种××准没错，它是请明星夫妻××和××做的代言广告，每天中央电视台和地方电视台都同时播放，疗效也比较可靠，选择××，没错的！我这就替您开单喽（广告导向因素）!"

◎ **专家点评**

价格、疗效、从众、广告这是决定购买的 4 要素。

常见的顾客促成信号的判断技巧：

1. 顾客的神情渐渐专注，开始正视；

2. 顾客眼神聚焦在产品上；

3. 反复询问同一个问题；

4. 长出一口气，忽然露出轻松的神态；

5. 不断询问同伴的意见。

四十二、其他人服用的效果怎样?

◎理论指导

顾客此疑问是典型的从众心理使然。他们在决策时总是希望有更多的安全感,如果其他人使用效果好,顾客当然容易下决心。导购的答案如果是确信和肯定的,顾客就会说服自己做最后决定。因此,就促成手段而言,导购只要以不容质疑的态度对他人服用效果进行肯定,让顾客相信就可以了。

导购回答这类问题时,首先是要基于事实,对其他人疗效的肯定必须客观而公正,切记为了促成而不顾事实,夸大其辞。用具体数据和事例说明是一个不错的方式:"您觉得呢?您看这样行吗?"这样会让顾客有更强的满足感。

案例 1

导购:"大妈,那当然了,这个××降压片已经销售十几年了,销量一直很好,买的人也很多,是降压的首选用药,疗效是可以肯定的,您当然可以放心。"

案例 2

导购："小姐，我了解您的担心，您看这是我们这一周的销量统计，在治疗心血管疾病类非处方用药当中，××的销量是最高的（以事实做论据）。因为疗效好，所以买的人多。既然您是给母亲代买，当然要选择安全性高和疗效好的，您说呢？"

案例 3

导购："大叔，这个蚁力神是请著名小品明星赵××做的代言，广告也很出名，谁用谁知道，效果在同类滋补品中比较明显，回头购买的顾客也不少，您不用担心，就先试一个疗程吧。我替您打单了？"

◎ **专家点评**

从众心理，以事实和数据告知即可；
常见的顾客促成机会：
1. 身体逐步接近导购，被导购地表达吸引而不知觉；
2. 主动的询问和追问使用的效果；
3. 询问使用保养知识和关心售后服务；
4. 开始进行杀价和要求赠送；
5. 口说不会买，但仍然不断地追问问题。

四十三、万一没有效果怎么办?

◎**理论指导**

任何药品都有一定的适应性,这是基本常识。这类问题反映出顾客对疗效的担心,也表明了顾客购买的意愿已经呼之欲出。一个合格的导购应该非常清醒地认识到这一点,并且能够在解决顾客疑虑的同时顺利促成。而促成的要点,简单地说,就是消除顾客担忧,并坚定顾客的信心。

这类问题大多数情况下可以利用比较法,既比较同类药品的疗效和治愈率,只要能明确说明,就能让顾客放心。当然,前提是导购必须熟知同类产品中不同品牌疗效的彼此差别。对于个别过度担忧的顾客,可以先减少一次性购买量,提出先初步试试实际疗效再放心购买的建议,也能促成顾客迅速做决定购买。

案例 1

导购:"大哥,不是我说得好,我说的都是事实,绝对没有夸张。这××确实是同类药品中疗效最好,治愈率最

高的。买药治病，当然都是以疗效和治愈率为优先考虑的，您觉得呢？"

案例 2

导购："大姐，我了解您的担心，如果我仅仅为了销售，向您保证这个药百分之百有效，那是不负责任的。所以医药、保健品都有一定的适应性，有的人很有效，有的人效果一般。即使是医生，也可能要尝试几次才能为患者找到适合的药。既然我们已经确定这种药适用您的病症，而且是同类药物中疗效最好的，用它当然是您的首选了，退一步讲，即使效果不那么理想，最起码对您病情的恢复是有帮助的。"

案例 3

导购："大姐，太好了，您已经注意到这一点，我可以少花时间向您解释了。大多数人药效不明显除了药不对症之外，基本是因为没有按照正确的服用方式和药物冲抵造成的，既然您已经注意到这一点，严格按照说明书要求服用，避免与其他药物产生冲抵作用，这样就能最大程度保证药效的发挥。如果您实在不放心，可以先买一盒试试，万一效果真的不明显时及时更换，也不会造成浪费，您看这样行吗？"

◎ **专家点评**

案例中很好地运用了解决此问题的三步骤。疗效优先、比较法对症首选药、另辟蹊径。

促成销售的关键技巧：

1. 随时观察和判断顾客的成交信号；

2. 抓住信号，主动促成；

3. 主动替顾客做出决定；

4. 需要不断尝试，允许失败；

5. 每一次异议处理完毕后，都是绝佳的促成机会；

现场气氛和团队作业时促成销售的关键。

四十四、非要买一疗程吗，我想先买一盒试试

◎ **理论指导**

这是一个明确的成交机会点，撇开经济原因，顾客有此问题本质上还是对所有购买的医药、保健品疗效的不确信和不肯定。如果同意顾客的要求，只能够顺利成交，但也可能因为顾客仅仅服用一盒，中途停药造成药效不佳，无形中给顾客带来一定负面影响，对门店和顾客都得不偿失。

所以，导购除非明确判断出顾客的确是购买的原因要特别体谅照顾之外，对其他提出这类要求的顾客要以事实的说明予以拒绝，不能轻易同意。即使顾客真是有经济原因，也必须做出按疗程用药的提醒。出色的导购还应该做到，留下顾客的资料，掌握顾客服用情况，及时提醒顾客回店购买，保证顾客按疗程服用。

案例 1

导购："大伯，按疗程服药时药物发挥疗效的基本保障，如果您不是手头不方便，当然是买足一个疗程最好了，这样不仅对祛除疾病有好处，而且也省了重复购买的麻烦，何乐而不为呢？就一个疗程吧？"

案例 2

导购："小姐，如果您是担心疗效，请您放心。这是非处方药，安全性和可靠性有保障，而且药也对症，如果能够坚持服用一个疗程，治愈的可能性非常高。一个疗程的用药一共是六盒，我都已经帮您装好了。"

案例 3

导购："大姐，您这样考虑是有什么特别原因吗？如果是手头暂时不方便当然可以，不过服用完一盒后一定要接着服用，按疗程服用时获得药效的基本前提，千万不能只吃一盒就停药，这样不仅对疗程没好处，也容易造成药物的耐受性，反而产生副作用。"

案例 4

导购：大叔，是暂时不方便吗？真是这样少买几盒当然没问题，不过只买 1 盒就少了些。这药 1 盒只能吃 3 天，一个疗程 45 天，您只要 1 盒太麻烦了，不如先买 3 盒，这样差不多 10 天买一次，一个疗程买四五次就可以了，每次花的钱也不多。大叔，您看这样行吗？

◎**专家点评**

四个案例从手头经济情况、疗程的好处、断药可能造成的影响、折中方案几个方面做出了相应的沟通方法。大家在日常的工作中可以根据门店实际情况制定适用自己的相应的沟通方法。

常用的促成销售方法：

1. 直接开口请求法：直截了当开口要求顾客成交，干脆利落，常用于较为理性和有决断力的顾客；

2. 动作诉求法：运用替顾客可开单、包装等动作，替顾客做出同意购买后系列服务，以实际的行为形成顾客默许，达成交易；

3. 情感诉求法：以情动人，刺激顾客的情感要素，接受事实，常用于较为感性的女性顾客或年老顾客。

四十五、产品还行，不过我还要回去跟家人商量

◎理论指导

没错，类似问题在销售初期也曾经遇到过，不过那时是问题，而现在则是促成机会。正如前面所讲，女性顾客在买医药、保健品时，不会像购买服装、化妆品一样要先当一个"侦察兵"。因此，在促成阶段，顾客这类问题的本质任然还是烟雾弹，完全看导购消除障碍的能力而决定最终结果。

导购需要重点抓住的是顾客自身流露出来"还行"的态度。这在顾客的思维中实际上已经是对产品的认可，就像刺猬咬住蛇的七寸，只要牢牢抓住这一点不松口，基本就可以达到促成的目的。而强调太太对先生的关爱、给先生意外的惊喜以及男人都怕麻烦为说辞，会成为说服顾客立即购买的最后一击。

案例 1

导购："太太，您的谈吐，让我觉得您是一位气质独

特、做事利落的职业女性（略为停顿，得到顾客的默认再继续说），工作上的事，您肯定该出手时就出手，不会错失良机。而先生的健康更重要，除非是产品不合适，否则没必要犹豫。既然您已经认可了产品的功效，凭您的性格，可以马上决定。您今天就带产品回去，让先生一到家就能感受到您的关心，他一定会感动得不得了。您说呢?"

案例 2

导购："靓女，如果是比较重要的事，要征求先生的意见当然应该。不过，买保健品给先生补身体很单纯，体现了您对先生的关怀而已，根本没有必要麻烦先生多走一趟。举个例子，您每天买菜都需要问先生的意见吗? 如果真是那样，先生一定会烦死的。男人多半以事业为重，即使您真的拉他来，恐怕他也会觉得麻烦而随便应付，您的一片心意就付诸东流了。不如您自己买回去，送给他一个意外的惊喜吧!"

◎ **专家点评**

案例中抓住两点"顾客对产品认可还行"、"把购买产品转化为为家人的健康投资"就能让顾客欣然接受。这个不单单适用于为先生购买、回去问先生的问题。同样适用于为老婆、为女朋友、男朋友、为孙子购买等。

直接开口请求的使用技巧:

1. 眼睛凝视对方，气势足;

2. 直截了当开口要求顾客，标准句式为："先生/小姐，如果没有其他别的问题，我就帮您开单了"；

3. 观察顾客的神情，随时做出标准的反应；

4. 请求后不要急于说话，等待顾客先开口；

5. 手上动作不停，进行开单或包装等动作。

四十六、保健品太贵了，也没有买的必要

◎ **理论指导**

假如顾客真的是购买力有问题，就算再考虑也还是买不起。因此，这并非一个需要实质性去考虑的问题。根源还是顾客对保健品没有明显的需要，或者是没有较为迫切的需要。通常初次购买或比较固执的人更容易产生犹豫，在反对程度上一般要强烈一些，需要导购先消除心理障碍再寻机促成。

要解决这类成交障碍，需要帮助顾客建立正确保健意识，将顾客的思路重点引入对自身的关注上，拉近与顾客之间的关系，强调"我绝对是为您考虑"，让顾客感受到导购发自内心的光环。对于主见较强的顾客，利用最后机会促成法，先促成，在后续服务中再逐步健全观念也是正确做法。

案例 1

导购："小姐，您说笑了，您并不是买不起，而是没有真正意识到服用保健品的重要性。举个例子，我们女孩子不管有没有下雨，都习惯带把伞出门，不像男孩子怕麻烦，遇上下雨只能倒霉了。服用保健品也是一样，是为了有备无患，不能因为现在身体没有问题就忽视，越是从年轻开始保健，到老年越是有好的回报，这是对自己的投资。就像我，我还比您年轻几岁，自从做了医药、保健品的导购工作后，就开始坚持服用保健品了，现在两年了，连感冒都没有得过。您就不需要犹豫了吧（对比成交法）。"

案例 2

导购："大嫂，产品的疗效我已经介绍得很详细了，您也很认可。说实在的，这个口服液在同类是销售量大的，疗效好，所以买的人多。而且现在厂家刚出了一批纪念装，几天就被老客户抢购过半了，明后天可能就卖完了，我建议您现在买一个疗程的不吃亏（最后机会成交法）。"

案例 3

导购："小姐，如果是平时您这样说我，我就不会再多说了。不过我们店正在做周年庆促销，除了购物既能免费成为会员顾客之外，更可额外获得 9 折优惠，像这种口服液 38 元一盒，一个疗程 18 盒，能节省多少，您可以自己算，而且买满 100 元以上还有精美茶具送，今天是促销的最后一天了。产品适合，还有那么多优惠，这么难得的机会，平时等都等不到，建议您不要再犹豫了（利益成交法）。"

◎ **专家点评**

对比成交法、制造抢购（最后机会成交法）和利益成交法，这是我们在销售过程中运用最多的营销技巧。

开单促成法的使用技巧：

1. 准备好收银小票；

2. 将顾客挑选的产品编号、数量价格迅速填入单据；

3. 将填写完毕的单据呈递顾客确认；

4. 呈递单据的同时，表达句式为："先生/小姐，请您核对一下，单据上有没有价格或数量的疏漏。"

5. 面带微笑，神情自若。

四十七、我一次性买了这么多，帮忙打个折

◎**理论指导**

要求打折几乎是所有顾客在成交前必然会做的一件事，这已经是顾客的本能，即使是明码标价的专卖店也不例外。大多数顾客可在提出折扣的要求时，本身并没有抱百分之百的希望，有打折是意外惊喜，没有打折也无可非议。所以，这类问题的处理与究竟能够打多少折没有关系，关键是导购能否让顾客感受到足够的尊重。

导购如果能够针对顾客心理，给予顾客足够尊重，让顾客感受到一种与众不同的价值感，使顾客瞬间感受到购物的独特快感，即使一分钱折扣也没有，顾客也并非不能接受。另外，就顾客心理而言，轻易得到的往往不被珍惜，只有反复争取最后得到，才能获得真正的快感。即便给予顾客打折，也要充分体现出这一点。

案例 1

导购："小姐，说实话，就我个人而言，非常想满足您

打折的要求，这样您会开心，我个人的业绩也会很高。可惜这做不到，不二价是公司的规定，而且我们是平价药房，价格比市面上低至少 5 个点，如果再给您打个 8 折，肯定亏本。您买得越多，我们亏本得越多。您是明理的人，不会让我们亏本经盈吧！再说，如果可容易随时打折，意味着我们店的质量和服务也可以随便打折，这个肯定是您不愿意接受的，对吧（情感诉求法）？"

案例 2

导购："大姐，小妹真是佩服您，您选择的这些产品，全是我们店最受欢迎的家庭常用药，这就不说了。价格也是全市最低价，再要打折，比进货价还低！大姐，您眼力真准，像您这样有眼光，又熟悉市场的顾客真难得，说实话，我都想向大姐您拜师学艺了，有了您这份本领，我们就可以更全面了解市场行情，使我们店保持更强的竞争力。大姐，您收我这个徒弟吗（拜师请教法）？"

案例 3

导购："大姐，每位顾客购物时都希望有更多折扣，而开店做生意时又会希望价格卖的更好些（不能说贵）。如果一方获利，另一方就会吃亏，所以最好的办法是：店家薄利多销，顾客长期支持。我们店不是大规模的连锁店，靠的是人性化经营和老客户长期支持。大姐，您是明理的人，我也不跟您讲不二价的大道理，我向老板娘请示一下，尽量为您争取个折扣，以后还要您多多支持。您稍等，我马上联系老板娘。"

◎**专家点评**

案例 1 以情感诉求为切入点，价格能打折服务不能打折为转换。最后一个让顾客"肯定不接受服务打折"的问句方式等价对价格也不打折的肯定。

案例 2 给予顾客足够的面子，使顾客获得尊重感。

案例 3 折中的办法，就算打折也不能随意。1. 要申请；2. 让顾客倍感尊重。

包装促成法的使用技巧：

1. 将顾客选中的产品分门别类地进行包装；

2. 双手将包装好的产品呈递给顾客；

3. 呈递时的标准句式为：先生/小姐，我已经替您包装好了，您可以检查一下，看看有没有遗漏；

4. 呈递时流露出发自内心的微笑；

顾客接过包装即为促成。

四十八、我带的钱不够

◎**理论指导**

　　很少有顾客会提出这样的说辞，这和顾客的面子有关。在顾客提出此类问题时，应对他予以体谅和照顾，不能流露出任何鄙视或不耐烦的神情。然而，就此放弃也不足取，利用一切可能性促使顾客成交，仍然是导购的工作重点。对顾客购买力再次进行确认，顾客的购买力确实有困难，也可以通过减少购买量的方法，完成交易。

　　导购在语言和语气上可适当照顾情绪。在促成时，可以用信用卡、减少购买量、请家人送钱、送货上门等各种方式促使交易完成。保持这样一种心态，大生意是由小生意逐步积累起来的，无论多少，成交总比不成交好。当然要注意各类方法与顾客的适用性，如果选错对象，上错花轿，就适得其反了。

案例 1

　　导购："阿姨，如果您真是钱不够的话，特地回家跑一趟也麻烦，既然这种药需要一个疗程一个疗程地服用，您可以先带几盒回去服用，下次带够钱再买一个疗程的用药，省得再多跑一趟。"

案例 2

导购："大叔，您住得远吗？"

顾客："不远，就在附近的××小区，几分钟就可以了。"

导购："大叔，天气那么热，既然您住得不远，如果家里还有其他人在，方便的话不如打个电话，让家里人送钱过来好了，省的您多跑一趟。大叔，您家中电话是多少，我替您打。"

案例 3

导购："没问题，小姐。您回头再买当然也行，不过要多跑一趟挺麻烦的，我们店本身就有送货上门的服务，现在是下午时间，顾客不是很多，我向店长说明一下，直接把产品送到您府上吧！"

顾客："可是我下午还要上班，再说家里也没人。"

导购："好的，既然您现在不方便，我下班后直接给您送过去也可以。您留个地址和电话号码，我大概晚上 8 点出发，这个时间段，您应该在家了吧！

◎专家点评

减少购买量、请家人送钱、送货上门这是我们遇到这

类问题时，可以借鉴的方法。

拆封促成的使用技巧：

1. 先确认顾客的认同程度："先生/小姐，还有其他别的问题吗"；

2. 向顾客提出建议："为了避免购买时有质量问题，还是应该仔细检查一下更好"；

3. 促成顾客的行动："您不妨把包装打开。仔细检查一下质量、出厂日期和保质期，这样可以买个放心"；

4. 与顾客共同动手；

5. 如果把握不大可以放弃使用。

四十九、这个仪器使用太复杂

◎**理论指导**

这是顾客一种明确的担忧。不过，事实和表述不尽相同，并不是顾客担心学不会，而是顾客抗拒这个学习的过程，怕麻烦和花费时间。此外，也可能顾客和导购开一点小玩笑。理解这点，导购自然可以明白，这是一个非常好的促成机会，而教育促成法本身就是导购可以主动运用的一种促成方法。

对于需要花一定时间才能掌握操作的医疗器械，导购可以主动向顾客进行指导，一促使顾客下决心。顾客参与程度越高，对仪器操作练习所花时间越长，熟悉程度越高，就越容易成交。如果顾客主动问及，导购应表现出乐意教会顾客使用的态度，迅速指导顾客操作技巧，并尽量做到，先开单，后教育。

案例 1

导购："别担心，小姐，这台家用减肥仪看起来有点

大，其实操作非常方便。一般人只要对照说明书，操作一两次就能掌握。像您那么年轻，学起来更快，如果您实在担心的话，我给您开单，我一定负责教会您使用。"

案例 2

导购："大妈，您的担心我马上替您解决，我们公司有规定：为了帮助顾客更好地使用相关医疗器械，导购必须在顾客购买后进行必要的操作指导。这台电子降压仪其实并不难操作，只要花十几分钟时间您就可以熟练使用。我请同事替您开单，我们现在就开始学习如何正确操作，第一步是……"

案例 3

导购："呵呵，先生，您开玩笑了，您的样子一看就非常有智慧。这么简单的操作，您按着说明书的步骤试操作几次，很快就可以学会的。当然，您如果有时间，我们现在就可以一起来学习如何操作，您不要嫌我教得不好就是了。先帮您开单，我负责百分之百教会您，保证书就不用写了吧？"（面带微笑，增进气氛。）

案例 4

导购："大爷，您是担心年纪大，记不住那么多穴位吧？其实这台电子仪使用简单，哪里痛、哪里不舒服就贴哪里，然后开机电疗 15 分钟就可以了，非常简单！当然，如果能够选择相关穴位进行模拟针灸，效果会更好。您看说明书上对每一种常见病需要选择的穴位都标得非常清楚，有图有文字，对照使用，一看就明白，并不需要特别去记。大爷您选一台，我们先检查一下配件是否齐全，再帮您试一下机器，顺便把治疗风湿关节炎的穴位教您记住。"（结合开封促成法共同使用。）

◎**专家点评**

这样的顾客焦点已经不是买不买的问题了，后期的服务这个相对来说容易解决，使用的便利性是顾客的担忧。

教育促成法的使用技巧：

1. 先让顾客安心："您放心，我一定教会您熟练使用"；

2. 提醒顾客操作程序："我按照说明书步骤先操作一遍，您注意看"；

3. 询问顾客对重点步骤的掌握："关键地方掌握了吗？我再给您仔细讲解一遍吧"；

4. 要求顾客自己动手操作，从旁指导；

5. 对顾客进行肯定，"您看，您已经完全掌握了，这不是很简单吗"。

五十、这个血压仪坏了你们负责维修吗？

◎理论指导

一个常见的促成机会点，顾客考虑的是购买后实际会遇到的问题。一个没有售后承诺的厂家是不值得信任。同样，一个对顾客售后维修的疑虑无法肯定回答的导购是不会让顾客感受到安全的。这类问题，提供厂家售后门店相关保修的条款，白纸黑字的制度要比导购口头答复令人放心得多。

一个出色的导购，事先要估计到这类问题，熟知门店或厂家对相关产品的维修规定。从根本上说，顾客不仅关心售后维修的具体问题，更侧重于对产品本身的质量的关心，而彻底解决顾客疑虑的做法当然是以事实向顾客证明产品质量本身的可靠性。厂家有关质量标准、维修承诺等文字资料是一个很好的佐证。

案例 1

导购："大妈，您担心维修问题吗？您请放心，这台仪器本身有长达三年的免费保修期，而且生产厂家还提供终身维修，完全超过国家标准。这几台都是未拆包装的新仪器，您可以选一台试试机，并检查一下使用手册、质量合格证是否齐全。我已经开好单了，您记得到服务台换发票，和保修卡一起保管好，凭这两张就可以按规定获得相应的售后维修服务。"

案例 2

导购："大叔，这个问题问得好。我可以很负责地告诉您，生产厂家对这台仪器承诺的维修标准是终身负责：正常使用出现的损坏厂家负责免费维修，即使是非正常使用造成的损坏，厂家也只有收零件费，不额外收取维修费。而且可以让您更放心的是，自购买之日一个月内，发现质量问题，我们负责包换。所以，购买这台仪器完全没有维修方面的后顾之忧。"

案例 3

导购："大哥，你放心，这些仪器都经过整机测试，质量合格才出厂的。按照厂家的质量标准，最低工作时间可达 3000 小时，一般症状每次只要使用 15 分钟就够了，按照一家 4 口人，每天使用 1 小时计算，最少也可以使用将近 8 年，只要您注意维修，使用手册上有详细说明，需要时拨打服务热线，厂家提供上门维修，非常方便，或者您拿过来，我们也可以帮你联系厂家上门维修。如果您没有

其他问题我就帮您开单了，"（从根本上解决顾客的疑虑。）

◎**专家点评**

提供厂家售后门店相关保修的条款，并用自己的话术进行解释。从听觉、视觉、感觉上让顾客放心。

利益促成法的使用技巧：

1. 确实可以使用利益促成法的特定产品；

2. 常见的利益通常有：折扣、积分、礼品、维修期延长；

3. 设计相应的话术并进行练习；

4. 感性较强的顾客特别适用利益促进法；

5. 表达时需要增加自身的兴奋和惊喜感。

五十一、那么卖力推销，你的提成是不是很多啊？

◎**理论指导**

　　这是一个半真半假的成交障碍，顾客因为导购过度热情或喋喋不休的介绍而感觉压力和不适应，以一种半开玩笑的方式表达自己的不满，将压力推给导购，以缓解压力，给自己腾出一个思考或逃避的空间。处理这类障碍，需要"以其人之道，还治其人之身"，高明的技巧结合得体的态度，能在促成上起到事半功倍的效果。

　　既然顾客以开玩笑的方式设置障碍，导购当然也可以开玩笑的方式清除障碍，将顾客的问题还之顾客之身，让顾客明白："顾客是导购地衣食父母，发奖给提成的是顾客而不是厂家和老板"，也可以先做个让步，检讨一下不当，给顾客稍许喘息的空间，待气氛重新融洽后再次促成，以达目的。

案例 1

　　导购："呵呵，先生，您开玩笑了。我认真地向您

介绍，这是我职责所在。可不是厂家给我的提成高，而是因为我感觉到您为人很好，而且这个系列的男士保健品确实能够帮助您消除亚健康状态，恢复精力和活力。一般人，我不告诉他！既然您已经完全了解，那您就可以决定了，您是选普通型的还是加强型的呢（二选一促成法）？"

案例②

导购："大姐，是啊，您看我很辛苦吧？没办法，导购的工作看起来简单，但也要努力才行，为每位顾客尽心尽力是我的责任，和提成没有关系。最重要的是这产品本身适合您。您如果觉得我的介绍还算满意，您可以考虑拥有它，如果您还有地方不明白，您告诉我，我一定会向您说清楚的。"

案例③

导购："大妈，您说错了，其实发工资、提成给我的不是厂家，而是您。没有您的支持和购买，我哪来的业绩和提成，您说是吗？所以您才是我的老板。大妈，您觉得我的工作还尽力吗？您觉得我的介绍还清楚吗？您觉得这个产品能帮到您吗？如果答案是肯定的，您就发工资和提成给我吧，太感谢了！"（对比较开朗的顾客使用。）

◎**专家点评**

转化顾客的关注点。

可以转化成玩笑或服务质量，并作出一定的思维让步空间。

五十二、如果不合适可以回来退吗?

◎ **理论指导**

顾客心理而言,没有顾客希望送出去的礼品会被退回来。顾客之所以提出这个问题,其目的是为了多一份保险。这个时候,顾客尤其需要导购支持性的建议和帮助,了解这一点,就不会被顾客表面理由所迷惑。

同样,要解决顾客的困惑,要从根本上着手:第一,再次证明顾客的选择是谨慎并且合适的,其礼品接受对象必然乐于接受,从而在接受性上杜绝退货的可能;第二,对产品的质量进行检查和确认,彻底杜绝质量隐患,从而避免质量问题造成的退货;第三,说明相关的退换规定,让顾客彻底安心,成交自然就水到渠成了。

案例 1

导购:"大姐,这是家用型医疗器械,厂家规定自购买之日起1个月内有质量问题,予以退换。即使您送人,凭发票和原包装也可以退换。您要特别注意提醒赠送对象保管好发票、维修卡、使用手册和外包装盒。不过说实在的，既然您是送人的，当然还是避免这种情况出现为好。挑好时务必仔细，确保质量问题，我们先开好单，再一起仔细挑选吧？"

案例 2

导购："大姐，我理解您的担心，其实这种担心完全不必要。您挑选的藏虫草，用于送人又高档，又体面，送给谁都够分量！说实话，我还没见过有谁不收呢。假如对方真的不收，您也放心，在一周内凭发票，只要产品内包装没有损换，不影响二次销售是可以退的。对了，既然送人，虫草本身又是最高档的滋补品，用最好的礼品盒进行包装才显档次，您看如何？"

案例 3

导购："小姐，很少有人问这样问题。一般顾客买药，都是有需要时随买随用的，只要药品对症，都不会有退货。如果您用来送人，购买前充分考虑对方身份、年龄、体质、产品的适用性以及对方接受的可能性。如果这些都考虑全了，您送出了心意，收的人也乐于接受，自然不存在退货问题。您说呢？如果您不放心，我们再仔细考虑一下，看有没有什么地方不妥，确保这份心意送出去对方一定收下。

◎**专家点评**

朋友不合适具体担心的是什么？这个可以深入地了解提供需求。

是对朋友不对症，还是怕朋友不接受，都可以帮着顾客进行耐心的分析。一定不能生硬的拒绝或者直接放弃销售。

门店一定有明确的退换货制度，并能脱口而出。

五十三、你们店是连锁的吗?

◎**理论指导**

顾客询问门店的分布情况,是典型的求便心理使然。顾客考虑的是后续购买的便利性,既然顾客已经考虑到后续购买,自然而然是一个非常不错的促成机会。如果门店分布广,方便顾客就近购买,当然容易促成;即使店数量少,甚至是单店,也可以抓住自身的经营特色,影响顾客做出购买决定。

此类促成,应紧紧围绕的心理来回答。如果网点分布广,当然可以着力体现实力与共享性;如果是社区店,可以凸显服务便利性;如果是仓储店,可以将顾客心理向求便宜转化,利用价格优势,反而更容易促进顾客提高单次购买量。总而言之,在解决顾客的疑惑后迅速转入促成,成交唾手可得。

案例 1

导购:"是啊,我们是连锁性质的医药、保健品店,在

市区范围内有三十多家店，各主要商圈和大规模社区基本上都有我们的门店分布。您可以拿一张我们的宣传单，上面有本市各店详细地址和电话号码，您需要时可以就近购买，另外，我们所有门店之间都实现了电脑联网，办理一张会员卡会让您更方便，在任何一家店消费都可以享受会员优惠和累计积分。您需要马上办理吗？"

案例 2

导购："大妈，我们店是便民性质的药房，就咱们小区这一家。不过您不用担心，我们讲求的是便民和服务到家，24 小时营业，就算夜间也能购买，而且提供代煎中药、电话送货服务。如果有什么药我们店暂时没有，我们也可以代为预定，不需要您专门往市里跑，非常方便。这是我们店的名片，上面有服务电话，我放在包装袋里了。大妈，拿回家后您要注意保管喔！

案例 3

导购："大爷，我们是仓储性质的平价大药房，虽然只有一家店，却是全市范围内药品品种最齐全、价格最低廉、规模最大的一家。我们店交通方便，市区各小区和邻近乡镇都有直达公交车，不仅市区来选购的顾客络绎不绝，就是邻近乡镇的顾客也会慕名而来。大爷，像您选的这几种药虽然总共不过六七十块钱，但已经节省了将近 10 来块钱。您可以经常来逛逛，既方便又省钱。大爷，如果没有其他需要我就帮您打单了。"

案例 4

顾客："你们在××路××小区有连锁店吗？我住在那儿。"

导购："您稍等，我马上替您查一下。有了，您居住的××小区没有，不过隔壁的××小区有一家，在××路××号，离您那儿不过一步之遥，步行只要几分钟，也很方便。这是这家店的电话号码，您记一下，您有需要的话可以直接去那里选购。您选的产品，我已经替您包装放袋了，请您清点一下。"

◎专家点评

顾客提出这个问题，首先对于你的服务有了一定的认可。后续是两点想得到进一步的强化：

1. 后续购物是否方便；

2. 是否是连锁而心里等价于公司的实力是否雄厚。

案例 1 把结果直接转换成了可以为顾客办理会员卡的服务，关注点进行了转移。

案例 2 、**3** 强调自己门店的优势来满足顾客。

案例 4 提供满足顾客需求的解决方案，其中还可以"免费送货上门"、"免费帮顾客邮寄"等。

五十四、如何做关联销售？

◎**理论指导**

顾客确定了要购买的产品后，导购不能就此作罢，在顾客接受的前提下，进行联合（关联）销售，尽量让顾客买得更多，这是帮助顾客解除担忧、获得更高品质的健康生活、利人丰己最好的做法。常见的联合（关联）销售方法有产品联合销售法、配套关联法、权威建议法和情感关联法等，对这些方法熟练掌握是导购必备的工作技能。

成功的联合（关联）销售不仅需要导购出色的销售技巧，更需要门店有丰富的商品群为依托，以导购彼此之间默契的配合为纽带，进一步引导顾客追求更高品质生活的潜在需求。更为重要的是，顾客进入门店后，自始至终都能感受到导购出色的服务和发自内心的关怀，才是确保关联销售成功的关键要素。

案例 1

导购："先生，治疗痔疮最好内外结合，虽然您已经购买了痔疮栓，但光用栓剂治标不治本，同时内服痔疮药效果会更好。国产的化痔灵片和德国进口的痔根断效果都很不错，您选一个配合治疗，根治的可能性会更高（产品联合法）。"

案例 2

导购："大妈，这是您选的产品，请收好！对了，现在天气炎热，出门在外特别容易中暑和引发肠胃疾病，人丹、风油精和藿香正气丸之类的防暑降温药，您家中是否齐全呢？如果没有的话，不妨带一些回去，以防万一。免得急用的时候再找药店，又麻烦又容易误病情（气候关联法）。"

案例 3

导购："大爷，您买的这几种常备药，是不是有专门的药箱放置呢？"

顾客："这个倒没有，我一般都放在抽屉里。"

导购："大爷，药品需要安全存放。比方您买了碘酒和鱼肝油，这个碘酒容易挥发，需要避光阴凉保存，不能和鱼肝油放在一起。用专用家庭药箱分类放置，既安全又便利。我们店有各类大小不一的家庭专用药箱，价格也很实惠，您不妨选一个合适的吧（辅助产品关联法）。"

◎**专家点评**

首先要懂得联合用药和关联用药的区别。

联合用药：是针对病症联合多个药品，对病症更有帮助的销售模式。

关联用药：是针对病人的病症、生活环境、季节变化，可能引发或预防其他疾病的药物销售，或者关联到家庭其他成员的药品销售。

案例1就是典型的针对病症帮助的联合销售模式。

案例2、3均为关联销售。其中还有可以针对家庭的其他成员进行关联。例如："阿姨，最近幼儿园手足口病挺厉害的，要不要为宝宝买两盒金银花可以预防下，既可以预防病毒还可以清热下火。"等等类似的关联。

五十五、如何向顾客告知促销及活动事宜

◎ **理论指导**

促销是门店增加集客力、吸引客源、提升销售额的一种有效手段，而活动是促销的高级表现形式。医药、保健品店的促销通常包括会员日、买赠、厂家联合促销等多种形式。这手段如果运用得当，不仅能创造新客源，更能吸引老客户的再回头，进一步提高老顾客的忠诚度，进而提高门店销售收入。

导购是促销活动得以成功的核心要素，要清晰地向新老顾客告知促销的有关事宜，必要前提是导购要熟知促销活动的目的、主题、内容、针对对象、实施要素等一切细节，要更对促销活动的成功充满信心。此外，在向顾客进行具体说明时，以促销价值的渲染吸引顾客的兴趣，而非仅仅简单告知活动情况。

案例 1

导购："李姐，提醒您一下，下周一，28 号本月最后

一次会员活动日。天气凉了，可以适当选一些抗病毒药品和提升免疫力的保健品，避免天气变化引发感冒、发烧。这些非急用家庭常药在会员日购买很划算。您到时候过来，我帮您选。"

案例 **2**

导购："张小姐，我们药房近期联合了几个生产厂家共同办一个清凉夏日热情送活动，选择指定厂家的藿香正气水和板蓝根等防暑降温药品和抗病毒药品，买满 10 元就有 1 罐价值 3 元的 ×× 凉茶赠送，多买多送，整个活动只有 3 天，下周五开始，机会非常难得，您一定要记得过来看看喔！"（必须在收款后方可进行介绍。）

顾客："是吗？你说说看。"

导购："大姐，原来在我们店申请会员卡需要花 10 元钱，在活动期间可以免费办理，可以立即节省 10 元钱；另外，买满 100 元再送 10 元等值低价券，您现在已经选了 80 多元，只要再挑点普通备用药就可以满 100 元，您需要考虑一下吗？这 10 元的低价卷再加上前面办卡节省 10 元，可以多买不少家庭常用药了。"

◎ **专家点评**

告知活动、促销一定不能只是硬邦邦的告知，而是提供活动的价值，通过活动顾客能收益什么。比如：平时要去医院排队付费的检测、平时花费 300 元现在只需 100 元，等等。

案例中就很好的诠释了提供价值的重要性，让顾客倍感重视。

医药保健品门店常见促销活动：

1. 会员活动日：每周、每月或每周推出一个固定的日期作为会员活动日，会员可以享受特别折扣；

2. 买赠：顾客购买指定的产品或者买满一定金额外获得赠品或抵值消费券等；

3. 厂家联合促销：生产企业与门店共同合作，对企业生产的某类或全类产品进行促销；

4. 周年庆：门店借开业周年庆之机会进行较大规模的促销活动，通常延续性在 1 周到半个月之间，活动力度较大。

五十六、如何向顾客派送门店或产品宣传资料

◎**理论指导**

要实现医药、保健品店的持久经营，我们不仅需要顾客单次购买，还需要顾客不断回头购买。更重要的是，我们还需要让顾客成为门店的业余推广员，让每一位顾客都乐于向家人和朋友介绍。向顾客派送宣传资料，利用宣传资料有效的设计，吸引顾客再回头和带来新顾客，是一种简单而有效的推广方式。

向顾客派送宣传资料时，必须拥有良好的作业习惯。导购为顾客完成产品包装后，要极其自然地将有关宣传资料放入袋中，也可用订书机将资料直接订在袋子上。将包装袋递给顾客时，要做一个简明扼要的说明，务求呈现出宣传资料的内在价值，增强顾客的重视程度，使之摆脱被丢到垃圾桶的悲惨命运。

案例 1

导购："小姐，这是我的名片。我是这家药店的店长，有医药、保健品方面的需要请随时打电话，我将竭诚为您服务（名片法）。"

案例 2

导购："大伯，这是我们药房的宣传单，上面有店铺地址和联系电话，还有市区范围内其他连锁店分布情况，您可以在需要时就近购买。凭此单，在我们任何一家连锁药房都有9.5折的优惠。大伯，您腿脚不方便，拨打单上的客服电话，可以电话订购和享受市区范围内的免费送药上门，非常方便。您要注意保管喔（门店宣传单法）。"

案例 3

导购："大妈，这是最新一期的产品目录，上面有一百多种常用医药保健品的编号和价格，都比市面价格低，右下角的印花卷，可以用于购买指定的特价商品，至少要比市面低30%以上，您不妨多拿两张，送给有需要的朋友（产品DM法）。"

案例 4

导购："小姐，这是最新一期的会员会刊，送给您，代表我们一点小心意！会刊上不仅有产品和养生保健知识介绍，还有很多药膳制作方法，您可以试着做一做，对调理身体很有帮助。每一期会刊还有3张集点卡，凭卡即使普通顾客在会员生日也可以享受到会员折扣。您可以自己用，

也可以留给需要的朋友和同事，我相信您会很好发挥它们的价值，请收好（会刊法）。"

◎ **专家点评**

医药保健品常用宣传方法：

1. 名片：为店长印制名片，用于增进与顾客的熟悉程度，联络感情，顾客凭名片可享受一定的 VIP 优惠或者服务等；

2. 门店宣传单张：专门为门店量身定制的宣传单，可以充分起到扩大门店影响力、增进客源的作用，设计时须注重体现有吸引力的卖点；

3. 产品 DM：将门店各类有代表性医药保健品的图样和价格统一印刷成宣传单，最好有特价品以吸引顾客；

4. 会刊，送给普通顾客一本会员专有会刊代表了对顾客的特别尊重，也可以利用会刊内容的设计，吸引新老顾客。

五十七、如何要求顾客转介绍

◎ **理论指导**

要求顾客介绍新顾客，是比派发宣传资料更直接、创造客源、增加顾客群体的方法。导购如果已经与顾客培养出了一定的感情，机会选择得当，实际效果会非常不错；如果不分场合、不分对象地一味要求顾客转介绍，则会引起顾客反感。只有特定商品或特定场合，得当地使用转介绍用语，顾客才会乐于帮忙。

适合医药保健品店运用转介绍的特定产品，包括新产品、减肥产品、保健品以及适合性较广的家用小型医疗器械。这些特定商品如果在使用效果上有良好的口碑，在顾客初次购买或重复购买时，是运用转介绍技术的适宜场合。导购使用转介绍的基本策略是：神情自若、点到即止、要求而不勉强。

案例 1

导购："大妈，这个颐妃阿胶糕可是补血圣品，是中老

年人滋补品的最佳选择。如果您服用效果好，别忘了向您
的亲朋好友及其他适合的人介绍一下。"

案例 2

导购："大姐，看您的样子就知道您非常热心，朋友
多，乐于助人。好东西一定要和亲朋好友一起分享。这个
五行针如果您使用效果好，还请您帮忙向有需要的人介绍
一下。您的朋友如果能通过您的分享而祛斑、强身，也一
定会非常感激您，我们同样也会很感激您。这对您来说是
轻而易举的事，也是皆大欢喜的事！大姐，先谢谢你了。"

案例 3

导购："张小姐，您是第二次购买这种减肥茶了，看来
这个减肥茶的效果不错。我看看，恩，确实苗条多了（要
形成一种融洽、赞美而不虚伪的气氛），好棒喔！"

顾客："是啊，效果还不错，确实轻了几斤。"

导购："张小姐，好东西要及时和好朋友分享，既然您
使用效果那么好，不妨向同事与好朋友介绍一下产品和我
们店。如果您的朋友和同事也能够轻松获得减肥和健身的
功效，一定会非常感激您，这样既能帮助到朋友，又能帮
到我们，何乐不为呢？这个星期六我上班，您不妨和同事
或朋友一起过来，我一定会热情地接待，让您很有面子。
您放心，我绝对不会勉强销售，除非我们的产品确实能帮
助到您的朋友。谢谢您！"

◎**专家点评**

使用转介绍技术的技巧：

1. 坚信你所推荐的产品是适合而且是安全有效的；

2. 坚信你所提供的服务是出色而且体贴；

3. 顾客已经有良好的使用体验和收获；

4. 顾客乐于助人，喜欢分享自己的体验；

5. 转介绍标准用语精炼、自然；

6. 点到即止，要求而不勉强。

五十八、如何邀约顾客下次再来

◎ 理论指导

俗话说："一回生，两回熟，三回就是好朋友"。要让顾客把药店当成自己的家当然不太可能，但要让顾客对门店留下深刻印象，感受到与导购之间关怀和温馨的存在，当顾客需要时成为首选则不难做到。两者之间的持久而和谐的关系，是在第一次交易完成后，导购适时发出再度光临的邀请，从这点点滴滴开始的。

邀约顾客再次来店的原则是，无论在语言还是心态上，都要把顾客当成亲朋好友或亲密爱人对待。与众不同的热情和独特的眷恋感是吸引顾客再回头的情感要素，明确的客观理由是邀约的客观要素。只有双管齐下，邀约才能确保成功，随意的邀约必然在顾客的漫不经心中被淡忘。

案例 1

导购："大姐，现在天气逐渐炎热了，我们店专门组织了一批防暑降温药品，品种非常全，本周五到货。您如果需要准备一些在家里备用的话，不妨周五后过来看看（新品邀约法）。"

案例 2

导购："先生，从下周一开始起，连续一周，是我们药房 3 周年店庆活动，到时候有非常多的顾客回馈活动，包括免费成为会员顾客、购物有礼和即买即送多种形式，欢迎您届时来看看，也欢迎您和朋友一起来，记得到时候找我，我一定热情接待（活动邀约法）。"

案例 3

导购："大妈，下周三下午，我们请到了本市著名老中医××老先生在我们药房坐堂问诊，老先生对中老年各类疾病的治疗和养生保健非常有经验，您可以请老先生为您把个脉，开个延年益寿的药方。您不妨先登记一下，到时候就可以免费问诊了。一共只有 30 个名额，所剩已经不多了，机会很难得，您要把握喔（权威邀约法）！"

案例 4

导购："王姐，这周六我上班，您也正好休息，要是有空就来看看我，咱们聊聊养生减肥，您要是不来我会伤心的，您可一定要来喔（情感邀约法）！"

◎ **专家点评**

邀约顾客再次光临的方法：

1. 新品邀约法：以新品上市的理由邀请顾客再度回头，需要明确说明新品种类和到货的时间；

2. 活动邀约法：以明确的促销活动为理由，邀约顾客再次光临，活动主题、内容以及对顾客的利益等重点必须说明清晰；

3. 权威邀约法：以名老中医坐堂问诊、医学专家义诊等权威人物高附加值的服务推介为核心，邀约顾客回头；

4. 情感邀约法：以导购个人与顾客特定情感和友谊为理由邀请顾客回头，可以撇开销售不谈，重在增进顾客关系。

五十九、如何做电话回访

◎ **理论指导**

电话回访可以帮助药店获得一线信息，是联络顾客感情、自我审视的非常重要的手段。一般注重管理的门店都会运用这个方法加强门店的经营力。然而，没有顾客喜欢被陌生人随意打扰，要确保电话回访成功的先决条件是，**在致电前尽量多了解顾客背景情况，只有在心态上将自己视为顾客的好朋友，才容易使顾客接受。**

电话回访时，顾客看不见导购的表情，但可以感受到导购的真诚！先问候，再介绍身份，表达一定要清晰，致电目的的说明要简洁明了，给予顾客足够安全感。得到顾客的配合要恰当表示感谢所有对话尽量一气呵成，避免空当而导致顾客挂电话。**事先准备一些礼物，给顾客意外的惊喜，成功率就会百分之百。**

案例 1

导购："黄先生吗?"上午好，我是××医药有限公司

的店员，我叫张小丽，您是我们的尊敬的会员，明天就是您的生日，我谨代表我们××医药有限公司的全体同事祝您生日快乐，好运长随！我们还给您准备了一份生日礼物，是我们的一份心意，您可以在一周内到店里取，再次祝您生日快乐（生日慰问回访）！"

案例 2

导购："是刘姐吗？晚上好，我是××医药有限公司的小丽。您上次买的三盒降压药应该马上服用完了吧，这个千万不能停药，一停药血压就会反弹。您千万要记得喔！没其他的事，就是提醒您这件事，早点休息（售后服务提醒）。"

案例 3

导购："是何小姐吧，我是劲英医药有限公司的小丽。有一个好消息要告诉您，这周六我们就开始周年庆活动了，我们给顾客准备了很多礼品。这样的好事情我第一时间就想到您，促销活动周六早上 10 点钟开始，还有文艺表演，您可一定要来。不买东西也没关系，我们店的姐妹们都非常想您。好了，就说这么多，祝您心情好好的，胃口大大的、身体棒棒的！再见（熟悉的老客户）！"

◎专家点评

电话回访的目的：

1. 加强与顾客的互动，联络彼此感情；

2. 向顾客进行一些特殊情况的了解和调查；

3. 节假日、顾客特殊日期的问候；

4. 新产品上市、促销互动的知会；

5. 会员卡更新、年度积分换取、特殊礼品领取的通知；

6. 其他重要信息的告知。

六十、顾客抱怨门店网点少，后续购物不方便

◎ **理论指导**

对顾客而言，网点多、购买更方便是其越来越注重的售后因素，因为网点少而产生的抱怨也属正常；只要能施以得当的技巧，可以轻易化解。化解的策略就是**以门店的核心优势来抵消网点少的不方便。只要处理得当，顾客的抱怨可以迅速消除，如果进而能够与顾客建立起朋友一般的融洽感，顾客往往愿意舍近求远。**

如果门店数量少，确实给顾客带来了不方便，坦诚地承认事实并提供合适的解决方案就可以获取顾客的好感，以引导的方式凸显门店的核心优势。如果品种齐全、价格便宜、服务到位会比直接描述有更佳效果。无论如何，店是死的，人是活的。**坦诚地态度，把顾客当成自家人，是消除顾客类似抱怨最有效的方法。**

案例 1

导购："呵呵，李姐，您是老顾客了，我向来把您当成自己的姐姐看待，我知道您说的不假。既然我们亲如姐妹，您每次来，就当是来看小妹，照样很开心，不是吗？姐！"

案例 2

导购："大伯，我们的网点其实不少，在市区范围内也超过 30 家了，您是什么原因觉得我们网点少呢？"

顾客："你们店离我家远，我要走 20 分钟才能到。"

导购："这的确有点不方便，不过大伯您也不是第一次在我们店购买了，您为什么还是选择我们店呢？"

顾客："我们社区的药店没有这种药，所以只能到这里买了。"

导购："明白了，如果您每个星期都专门为买药特别跑一趟，确实比较辛苦。这个药既然是长期用药，大伯您可以适当增加一下购买量，每个月买一次就没那么麻烦了，其他家庭常备药也可以在我们店备齐，这样减少了购买次数，肯定方便很多。您觉得呢？"

案例 3

导购："大姐，我们的网点虽然不是很多，但胜在药品齐，价格实惠，而且选址上都是人群集中、交通方便的地方。您也在我们药房买了好几次了，您看中我们店的哪一点呢？"

顾客："你们这里的价格确实要比别的店便宜一点。"

导购："这就对了！大姐，居家过日子，能省一分是一

分。我们的价格通常要比其他店低5%－10%。虽然您到我们店要多花10分钟时间坐车，但像您一次性买200多元的药，足足省了将近20元，还是很划算的。再说我们还有会员积分，长期购买，越多越划算，一年下来省得更多。这样就算稍微有些不方便，也挺值的。"

◎**专家点评**

购物的方便性用专业的服务和亲情化的营销进行化解。处理顾客各类怨诉的技巧：

1. 先请顾客消消气："您慢慢说"；

2. 表述承担的态度："您放心，我一定尽力替您妥善解决这件事"；

3. 表示对顾客怨述的重视；"您说的很重要，我马上进行记录"；

4. 询问顾客意见，明了顾客的意图；

5. 提出解决方法，获得顾客的认同；

6. 立即处理或答复处理的期限。

六十一、门店没有顾客所需要的产品

◎**理论指导**

顾客需要的药品缺货自然会引发顾客的抱怨，这种情况会损害顾客对门店的信任感，导致顾客流失。如果顾客连续两次遇到产品缺货，会有超过六成的顾客从此不会再来。因此，货品不齐，是医药保健品门店经营的大忌，但是基于门店仓储、成本、周转等方面的因素，这种情况并没有办法完全杜绝。

遇到这种情况，导购正确的处理策略是，务必以诚恳的态度倾听顾客表达不满，详细向顾客了解所需要医药、保健品的功能主治、疗效等各种情况，凭借自己专业知识和长期建立的良好客情关系向顾客推荐其他替代产品。如果顾客不接受，迅速为顾客提供缺货代登记，尽可能挽回顾客的信任。

案例 1

导购："大爷，您要的这种药我们这里没有，不过您反

映的情况看，这药是用于中风后恢复的，是这样吗？"

顾客："是啊，这个是给我老伴用的，已经用了很久了。"

导购："是吗，大爷，这个药的效果怎么样，价格是多少？"（详细向顾客了解使用情况看）

顾客：……

导购："大爷，我明白了，虽然我们门店目前没有您说的这种药，但是用于中风后恢复的药我们店也有不少，其中有两种是中成药，安全性高，疗效不错，而且价格也更实惠，应该也很适合。我具体给您介绍一下，好吗？"

案例 2

导购："张小姐，您说的这种保健品我们店没有销售；不过类似治疗贫血、失眠的其他保健品我们有不少，需要我给您详细介绍一下吗？"

顾客："谢谢，不用了。这个是医生要求的，如果没有的话我到其他店去看看。"

导购："张小姐，您要的这种产品一般只在北方城市销售的，我们南方城市基本没有销售。如果您一定需要，我们店有专门为老顾客提供的缺货代订服务，我帮您做个登记，请公司的商品部替您查询一下是否有进货渠道，明天就可以回复。如果订得到的话，产品 7－15 天就可以到您手上了。"

顾客："登记倒是没什么，不过 15 天还是久了点，我还是先去其他店看看吧。"

导购："没关系，如果您在其他店看到的话就可以先买，我们的客服人员在明天与您电话确认，您只要说明一下就可以了，您电话号码还是×××，没有变吧?"

◎专家点评

这种处理方式一定要让顾客弱化门店品种不全而带来的负面影响。让顾客得到认可，解决病症是核心。对于相对执著的顾客，做好订货登记流程，并后续跟踪。

顾客需要的药品缺货的处理方法：

1. 暂时性缺货：顾客所需药品暂时性缺货，向顾客告知具体的到货时间，留下顾客的电话，到货后及时提醒；

2. 替代法：向顾客详细了解用途、成分、价格等细节情况，根据自己的专业知识，向顾客推荐其他替代品。顾客拒绝时，不要过于勉强；

3. 缺货代订：门店提供的特别服务之一，对顾客所需要的药品进行登记，采取到店及时通知顾客取货。

六十二、顾客抱怨产品比其他店贵

◎**理论指导**

　　医药、保健品品种繁多，不同的药店进货渠道各异。即使门店以价格最低作为卖点，也很难保证没有竞争对手在个别单品上出现更低的价格。因此，顾客在购买后有此类特殊在所难免。顾客投诉的着眼点其实并不在于到底贵了多少钱，顾客此刻的心理状态，套用一句老话，就是"要个说法"。

　　当然，导购在解决这类投诉时，决不能摆出一大堆理由或借口与顾客辩论，态度比技巧更重要。承认工作疏忽是对话得以继续的前提，争取顾客谅解才是关键。承诺尽快查明事实，对价格进行调整可以缓解顾客的抱怨。感谢顾客提供的信息，争取顾客能够长期在价格监控上进行配合，则可以彻底消除顾客的不快。

　　案例 1

　　导购："大姐，您说得对，这是我们工作上的不足，这不是几块、几毛钱的问题，我们必须承认这一点，向您道歉，请您多多谅解。同时非常感谢您提供的价格信息，这里有一张 3 元的抵用券，下次您购买任意产品时可以抵用 3 元，表示对您提出异议的感谢，谢谢您。我们一定会完善自己的工作，更好的服务于大家。"

案例 2

导购："先生，谢谢您提供的信息，我们店向来是以全市最低价为经营宗旨的，即使只差了几毛钱，也表明了我们工作的不足，我会马上把您的情况登记下来，只要核实无误，我们会立即进行价格调整，感谢您的宽容和体谅！这里有一张 3 元的抵用券，下次您购买任意产品时可以抵用 3 元，表示对您提出异议的感谢，谢谢您。我们一定会完善自己的工作，更好的服务于大家。"

案例 3

导购："大姐，您说的情况很重要，可以促进我们改善工作，您可以说得更详细吗？我们会马上请市场部的同事进行核实，尽快对价格进行调整，不让其他顾客再吃亏。还有，大姐，现在医药保健品经营竞争激烈，价格变动快，还希望您以后多帮我们留意一下其他各药房的价格情况，有发现价格比我们更低的请随时告诉我们，谢谢您。这里有一张三元的抵用券，下次您购买任意产品时可以抵用 3 元，表示对您提出异议的感谢，谢谢您。我们一定会完善

自己的工作，更好的服务于大家。"

案例 4

导购："大婶，谢谢您告诉我们这些。无论如何，我们都要感谢您及时把这个情况告诉我们，如果您就此不再来我们店，才是我们最大的损失！请您放心，您说的情况我们会立即核实，如果价格确实高了，我们会马上进行调整。虽然我们没有办法把钱退还给您，可以赠送您一张三元的抵用券，对于您的建议表示真诚的感谢。下次您购买任意产品时可以抵用 3 元，谢谢您。我们一定会完善自己的工作，更好的服务于大家。"

◎专家点评

顾客抱怨产品贵，一般来说都有实事的依据，一定不能正面否认顾客的说辞，不然就是把顾客往外赶。

顾客抱怨产品价格比其他店贵的处理技巧：

1. 先同意事实或承认可能性；

2. 详细了解顾客所指的情况；

3. 表明态度，"我们将尽快核实并对价格进行调整"；

4. 再次感谢以寻求顾客谅解："谢谢您的信任和体谅"；

5. 邀请顾客长期对市场价格进行监控；

6. 适当给予顾客一点小惠，对于信息的提供和工作的监控表示感谢。

六十三、顾客认为效果不如预期

◎ **理论指导**

顾客产生这类投诉的原因可能是：医药、保健品的选择本身是最适合的，对疗效有过高的预期，没有准确按照服用方式服用，没有服用完疗程……无论什么原因造成的服用效果不佳，都是一件令人失望的事。发生这类投诉，顾客的怨言和火气通常比较大，如果处理不妥当，很容易从投诉演变为争吵。

解决这类投诉，要特别理解顾客此时的心情。一定等顾客倾诉完，方可说话。设身处地的态度和替顾客着急的表现是取得顾客谅解的关键。接下来，要对功效不明显的原因一一进行排查，是顾客原因则予以纠正，如果是医药、保健品本身原因则要坦率承认，以其他适合的医药、保健品更换，绝不推卸责任。

案例 1

导购："大叔，您觉得疗效不好吗？既然在服用方式和

服用疗程上都有问题，确实可能是药效不明显。可能当时过于侧重考虑药品的安全性，如果中药效果不明显，那我帮您换成××，这是进口西药，治疗胃溃疡的特效药，如果服用后效果还是不明显，您就需要到医院仔细检查一下了。大叔，您看可以吗？"

案例 ②

导购："小姐，您的意思是有一些效果，但没有预期那么好，是吗？"

顾客："是啊，失眠倒是好了一点儿，但皮肤还是枯黄，而且祛斑的效果也不明显。"

导购："您服用了多久呢。"

顾客："有两个星期了。"

导购："小姐，如果是这样的话，我反倒要恭喜您了，才两个星期，失眠已经改善不正是说明产品很有效果吗？从这个口服液本身的配方设计看，对皮肤的改善和祛斑的功能是体质改善后由内而外的体现，是睡眠质量改善后的持续效果，女性的生理周期是 28 天，所以至少要一个月才能见到明显改善效果，连续服用 3 个月会有明显的改善。您要有信心，坚持继续服用哦！"

◎专家点评

解决顾客对医药保健品疗效不明显投诉的技巧：

1. 详细询问顾客服用的各种细节情况；

2. 寻找可能的原因，并进行解释；

3. 没有特别原因可以请顾客服用完疗程；

4. 必要时做出更换医疗保健品的建议；

5. 情况无法判断可以请顾客上医院就诊。

一定不能和顾客正面冲突、正面回击。

六十四、顾客投诉产品质量有问题

◎ **理论指导**

医药、保健品的质量是经营中必须严格控制的重点工作，医药、保健品的质量管理无小事。因此，当顾客提出此类投诉，即使大多数事实并非顾客所说那么严重，仅仅是顾客主观形成的片面认识，或者如产品外包装、保质期、器械机械性故障等外在产品质量，也必须详加了解，逐一排查，做出最准确的判断。

在处理顾客的质量投诉时，认真聆听是首要的，对质量可靠性的判断一定要迅速和准确。实际的质量问题，应迅速解决，避免处理不当导致投诉进一步扩大。如果是顾客的主观误会，则以简洁明快的说明，消除顾客心中的负面影响。处理结束后，争取顾客继续支持是必不可少的关键环节。

案例 1

顾客："这个口服液拆开后很浑浊，是质量问题吧?"

导购："大妈，我先看一下。喔，您误会了。这个口服液是一个中成药，有自然颗粒状悬浮物体，您在服用前摇晃一下就可以了，不是质量问题，您看说明书上也有注明。您可以放心服用。"

案例 2

顾客："我昨天买的胃舒平有问题。"

导购："是什么问题，您可以说的详细些吗？"

顾客："我昨天买的时候没注意看，还有 2 个月就到保质期了，这个药是备用药，2 个月肯定吃不完，过期就浪费了。"

导购："我明白了，药品本身没有过保质期，按道理是不可以退换的，不过您是我们的老顾客，一直承蒙您的支持，所以我做主帮您换一盒新的，以后还请您继续关照我们。"

◎ 专家点评

顾客投诉质量问题的处理技巧：

1. 仔细倾听顾客的意见，必要时进行书面记录以加强重视度；

2. 判断顾客投诉的真实性与问题产生的原因；

3. 根据问题原因提供解决方案；

4. 对顾客内心的障碍进行彻底消除；

5. 请求顾客继续支持与照顾。

六十五、顾客服药后有不良反应

◎**理论指导**

医药、保健品服用后产生不良反应是一种必然产生现象。医药、保健品的不良反应一般会在说明书中明确说明。有的顾客体质比较敏感，因为不良反应过大而进行投诉，表明顾客心理压力大和不安情绪，也表明了导购在销售时预防工作的不足，没有就可能产生的不良反应进行必要说明。

导购解决这类投诉时，要注意语气及神态的从容、平和；注重减轻顾客的心理压力；拿说明书进行解释，更容易释怀。导购可以根据顾客不良反应的轻重程度，做出继续服用、停用，或者上医院就诊的建议。无论哪种建议，让顾客能够安心，从中感受到导购关怀都是必须的。

案例 1

导购："先生，是我在购买时忘记向您说明情况，这是我工作上的疏忽，先向您道个歉。其实您服用之后的口干、嗜睡，都是属于药品服用后正常的不良反应。您看说明书上写得很清楚，不用太过于担心。"

案例 2

导购："小姐，这个减肥胶囊服用后确实会引起一定程度的腹泻，这是身体进行排毒和排油的表现，您不用太过担心，适应一段时间就会正常了。不过冷饮、海鲜会加大腹泻的程度，您在服用期间需要特别注意避免。"

案例 3

导购："小姐，您说的这种情况略微有点特殊，为了安全起见，您可以停药一段时间，看有没有恢复正常。这个是非处方药，安全性一般都有保证，不会对身体造成伤害，您不用太担心。"

案例 4

导购："大姐，这种小儿退热灵服用后确实有个别小朋友会有起皮疹的现象，这是比较常见的不良反应，一般只要停药2到3天，皮疹就会自然消退，不需要特别服用抗过敏药，以免引起其他不良反应。"

案例 5

导购："大叔，您说的反应非常特殊，如果停药了都没有解决就不能单纯从药物本身去判断了，您还是上医院看看是不是其他原因引起的反应，记得把药品说明书带上。

您放心，医生一定能够妥善解决您的问题。"

◎**专家点评**

解决顾客对不良反应投诉的技巧：

1. 首先要确认该产品与病症是对症的；

2. 详细谅解顾客不良反应的各个细节；

3. 对顾客的情况做出令人信服的各个细节；

4. 进一步提供改善不良反应的建议和方法；

5. 体现出对顾客的关怀和祝福。

六十六、顾客投诉，无人理会

◎ **理论指导**

一种普遍存在的现象，顾客感受到被怠慢、被忽视而引发的投诉。解决问题的关键是导购以及时的道歉弥补顾客内心产生的不满和客情关系之间产生的裂痕，再迅速将顾客的意识引导回其进店目的上，以迅速、快速的动作完成顾客所需要的服务，推卸和借口只能加大顾客的不满。

在语言上，道歉的口气要坦诚；在行为上，眼神要凝视对方，为顾客取产品等动作要快速连贯。不仅要充满歉意的态度表露给顾客，更要以实际行动呈现出对顾客的重视，从而消除顾客的抱怨。简而言之，只要导购当前的服务能令顾客感到满意，重新恢复顾客的信心并不是一件困难的事。

案例 1

导购："抱歉，大妈，让您久等了，您先消消气，喝口水再说（倒好水，恭敬递给顾客），今天顾客很多，招呼不周，

请您谅解。为了表示我们的敬意，接下来由我全程陪同，为您提供全心全力的服务，直到您挑到合适的产品为止。"

案例 2

导购："抱歉，抱歉，李小姐，让您等那么久，您是老顾客了，大人不计小人过，我什么都不说了，您今天需要什么，我先帮您挑好，如果您还不消气，到时候您怎么骂我都没关系。"（适用于熟悉的老顾客。）

案例 3

导购："呵呵，小姐，让您久等了，请问需要点儿什么吗？"

顾客："我都等了半天了，现在先把这个事说清楚了，否则别想我花一分钱。"

导购："您消消气，耽搁了您的时间确实应该道歉，刚刚实在忙，没有及时招呼，这是我的不是。您买不买没关系，千万不能把您气着了，您先原谅我的不到之处，今天就按贵宾会员的身份给您优惠，您请多担待。"

案例 4

导购："大叔，抱歉让您久等了，您要选点什么呢？"

顾客："我是老顾客了进来半天都没人理，这是什么服务态度啊？"

导购："这是我们工作不周，请谅解！您也看见了，人手少，客人多，刚刚您进来没有及时招呼，确实不是有意的。您是老顾客，一向关照我们，这次请您多担待。您需要什么，我先帮您选。呆会儿您开单，给您九折优惠，另外我们还会送上一份小礼物；今年的养生台历，上面有许多家庭用药和健康养生的小常识，聊表歉意，希望您以后还是继续支持我们，谢谢您。"

◎ **专家点评**

解决顾客对没有人接待投诉的方法：

1. 全程陪同法；道歉后全程陪同顾客，帮助顾客进行挑选、开单、包装、送别，以更贴身的服务，消除顾客怨气，解决问题；

2. 礼品法：向顾客道歉后，给顾客送一份事先准备的礼品，并强调"礼轻情意重"，寻求顾客谅解；

3. 贵宾优惠法：对普通顾客按照 VIP 顾客的折扣予以优惠，消除顾客抱怨，帮助顾客恢复对门店的信心。

六十七、顾客投诉导购态度差

◎理论指导

因服务态度差而造成投诉原因各异，可能是导购语言上不慎、专业技巧不足，也可能是由于导购怠慢或者漫不经心。任何不当的行为都有可能引发顾客的不快，从而形成投诉。顾客投诉一旦产生，当事人或接待导购处理不及时就会形成争吵或转化为更严重的投诉。

案例 1

导购："大姐，为每一位顾客提供优质服务是我们店的经营宗旨，您觉得我们的服务不好，是我们在哪里还做得不够呢？您告诉我，我们马上改善。"

案例 2

导购："大叔，您慢慢说，无论什么情况，如果您觉得我们工作给您造成了不方便，我都愿意向您道歉，请您谅解！我也愿意尽一切可能弥补这个过失，请您给我这个机会。"

案例 3

导购；"对不起，大伯，刚刚确实是我头脑不冷静，口气重了点，非常不应该，我向您道歉（语气真诚，并以鞠躬致歉），请您原谅！如果大伯您还能给我机会，我替您把这几样产品包好，开好单，完成这次服务。无论如何，都是我的错，请大伯不要把责任怪到店铺，谢谢您！"（直接道歉，挽回顾客。）

案例 4

导购："先生，如果您反映的情况属实，责任确实在我们身上，我向您表示歉意！为了使您反映情况能够迅速、妥善解决，我需要将事情经过做一个详细记录，您可以提出您的要求，并承若尽力为您争取最大的利益。公司有最终处理结果立即通知您，您看这样行吗？"

◎ **专家点评**

解决顾客有关服务态度投诉问题的技巧；

1. 先致歉，不把责任推卸给他人或店铺；

2. 倾听顾客抱怨的态度诚恳、耐心；

3. 责任范围之内迅速提出解决方法；

4. 超出范围予以登记，迅速向上反映并跟进，直至解决；

5. 进一步消除顾客心理的不满；"希望这样的处理方式能令您满意"；

6. 给顾客真诚的祝福："希望您心情愉快，身体健康"。

六十八、劲英医药，如何在一年时间里，把月销售业绩从 0 做到 30 万

2010 年 6 月通过两个月的选址，确定了劲英店的位置。

7 月正式营业了，跟很多门店不同，劲英店开业没有做任何的活动。只是在装修期间，做了很多的小调查，告知方圆 5 公里的居民"这里要开一家药房了，是一家什么样的药房"，顺便做了市场调查，问问大家对于药房的见解和需求，也就是挖掘顾客的需求点，同时办理了免费的会员卡。

开业后，虽说暂时没有做大的促销活动。小型的维持一周的小的活动，我们叫做"九周造势"这个还是要做的一共做九周，每周都不一样。这个的目的就是要让更多的消费者认知我们药房，我们也能进一步清楚周边的消费圈，这是一个双向熟知的过程。

"九周造势"也就是 2 个月多一点，我们有了经营的数据，知道初期的消费水平，有了一定的会员基数。这时做了一个大型的试业活动，有前期近 3 个月的销售数据支撑，大力回馈第一批会员，很快让大家都熟知了劲英大药房。3 个月后，在进行一次正式营业的大型活动，趁热打铁。

营业额直接从第一个月的 9 万做到了 15 万。

活动结束后，我们有了很多的数据，通过《SKU 数据分析报表》直接对门店商品品类、品规、价格、剂型、库存……做出了全方位的调整。当然还有会员的分类、分型，做到有的放矢。

后期的几个月，因为了会员数据和销售数据，每月定期针对不同客户类型做出合适的营销政策，从简单的短息通知做到上门告知（那时还没有微信）提供多样的免费上门服务类别，不到一年的时间里，营业额从第一个月 9 万就直接上升到了 30 万。

当然期间的门店选址标准、九周造势、怎样通过数据进行试营业、开业活动，怎样进行会员分型、分类，怎样增加会员粘度和活动策划，在我们训练营中都会有详细的分享内容。

万有智库图书

《从零开始做微商》

《换个思路玩地产》

《微信营销108招》

《66天学会做高管》

《微商从小白到大咖》

《瑜伽私教》

《房地产风口》

《如何做好淘宝》

《微商这样做就赚钱》

《畅销书浅规则》

《畅销书营销浅规则》

《绝对成交》